Vorwort

Bergseen: So vielfältig wie die Szenerie der Gebirgslandschaft selbst ist auch die Palette ihrer Seen. Sie reicht vom firngesäumten Schmelzwassertümpel inmitten von Fels und Geröll über die Staubecken zur Elektrizitätsgewinnung bis zu den bezaubernden blauen und grünen Augen inmitten der Naturlandschaft. Wer einen Bergsee öfter besucht, staunt immer wieder über seine wechselnde Farbe. Je nach Jahreszeit, Witterung und Tageszeit präsentiert sich der See in anderen Farbtönen – vom sanften Grünblau zu mattem Grau bei bedecktem Himmel, im Purpurgold des Abendrots oder im Silberschein des Vollmonds. Am häufigsten aber sind graue, grüne und blaue Farbtöne, wenn sich die Felsen, Alpweiden oder der wolkenlose Himmel im See spiegeln. Liegt an den Bergflanken noch Schnee, strahlen uns die weissen Felder auch aus dem Wasser entgegen.

Die 40 Touren dieses Buches führen zu rund 80 der schönsten Schweizer Bergseen. Das Schwergewicht liegt auf den Alpen, wobei alle Regionen vertreten sind. Auch die wenigen Juraseen verdienen eine Visite, umso mehr, als sie bereits im Frühling zugänglich sind, wenn manche alpine Gewässer noch unter einer Eisdecke schlummern. Alle Touren sind für An- und Rückreise mit öffentlichen Verkehrsmitteln konzipiert. (Das Signet ☐ verweist auf das Fahrplanfeld des Offiziellen Kursbuchs der Schweiz.)

So idyllisch manche Seen erscheinen, ihre Gefahren dürfen nicht ganz unterschätzt werden. Folgende Dinge sollte man daher bei Wanderungen zu Bergseen berücksichtigen:

– Natürlich locken die Seen im Sommer zum Baden. Doch sollte man nach einem schweisstreibenden Anstieg nie gleich ins Wasser gehen, in kalten Gewässern nur kurz schwimmen und das Hineinspringen mit Vorteil bleiben lassen, denn unter der Oberfläche können scharfkantige Felsen liegen.

– Wenn man mit aufgeweichten, noch feuchten Füssen die Socken anzieht, gibt es gerne Blasen beim Weiterwandern. Also: Nach dem Baden oder Füsseschwenken diese gut abtrocknen und eine Weile warten, bis man weitermarschiert.

– Sich nie auf einen zugefrorenen See wagen, wenn dieser nicht offiziell zum Betreten freigegeben ist. Gerade bei Stauseen, die im Winter abgesenkt werden, können sich unter dem Eis Hohlräume bilden, sodass das Eis unter der Belastung einbricht.

– Lassen wir die Vorsicht aber nicht nur uns selbst, sondern auch den Bergseen und der sie umgebenden Natur zuteil werden. Schonen wir also die Feuchtgebiete im Uferbereich, und packen wir unsere Abfälle ein, bevor wir den Picknickplatz verlassen.

Franz Auf der Maur

Schmelzwasser am Rand des Hochgebirges: der Steinsee unter dem Steingletscher am Sustenpass.

Livignosee und Stausee von Ova Spin

Wilde und stille Wasser im Nationalpark

Route Punt la Drossa–Charbunera–Plan Periv– entlang dem Spöl zur Bogenstaumauer des Lago di Livigno–Brücke von Punt Periv–Plan da l'Acqua Suot–Plan Praspöl–Ufer des Stausees von Ova Spin–Margun Grimmels–Ova Spin.

Anreise Mit der Rhätischen Bahn RhB von Landquart via Sagliains nach Zernez (□ 910). Von dort mit dem Postauto auf der Ofenpassstrasse bis zur Haltestelle Punt la Drossa im Nationalpark (□ 960.20).

Rückreise Von der Postautohaltestelle Ova Spin an der Ofenpass-strasse nach Zernez (□ 960.20).

Wanderzeit 5–6 Stunden mit 500 Meter Steigung und 400 Meter Gefälle.

Variante Aufstieg von Plan Praspöl zur Postautohaltestelle Vallun Chafuol an der Ofenpassstrasse (□ 960.20), eine knappe Wanderstunde weniger.

Karten Landeskarte der Schweiz 1:25 000, Blätter 1218 «Zernez» und 1238 «Piz Quattervals».

Gaststätte Punt la Drossa, unterwegs Verpflegung aus dem Rucksack.

Jahreszeit Sommer und Herbst.

Der Parc naziunal svizzer

Am 1. August 1914, als im übrigen Europa der Erste Weltkrieg begann, vollbrachte die Schweiz mit der Eröffnung des Nationalparks im Unterengadin eine naturschützerische Pioniertat. Der Parc naziunal svizzer, wie er im Rätoromanisch der Einheimischen heisst, ist das grösste Gebiet mit umfassendem Naturschutz in der Schweiz. Weil für die Erhaltung der Artenvielfalt das Schutzgebiet aber relativ klein ist und bei jährlich etwa 150 000 Besucherinnen und Besuchern an seine Grenzen stösst, wird eine weitere Ausdehnung mit zusätzlichen Pufferzonen diskutiert. Ein Anfang dazu ist bereits gemacht, nachdem 1999 die Gemeinde Lavin die Macuner Seenplatte ins Nationalparkgebiet aufnahm, das damit 172 km^2 umfasst. Heute wandern wir zu den zwei Stauseen südlich der Ofenpassstrasse, die in einer der seltener begangenen Parkregionen liegen.

Das Gebiet zwischen Zernez und Ofenpass (Pass dal Fuorn) eignete sich als Nationalpark, weil es zu Beginn des 20. Jahrhunderts ohne grosse wirtschaftliche Bedeutung war. Doch die Aktivitäten des Menschen hinterliessen auch in dieser weltabgeschiedenen Ecke der Schweiz ihre Spuren. Namen wie Ofenpass (Il Fuorn) erinnern an Bergbautätigkeit und Erzverarbeitung, die Flur Charbunera zwischen Punt la Drossa und Plan Periv im Tal des Spöl an das Köhlerhandwerk. Die schwefelhalti-gen Rauchgase der inzwischen stillgelegten Hochöfen haben die Wälder massiv geschädigt. Nicht zu reden von den Unmengen an Holz, die der Betrieb von Minen und Hochöfen sowie die Köhlerei in früheren Jahrhunderten verschlangen.

Kampf um den Spöl

Der Spöl legt Zeugnis von einem Nutzungskonflikt jüngeren Datums ab. Als in den Fünfzigerjahren die beginnende Hochkonjunktur nach einem Ausbau der Elektrizitätsversorgung verlangte, sah sich auch dieser Fluss in die Pflicht genommen. Obwohl Naturschützer eine Kampagne dagegen führten, wurde das Val dal Gall am Südrand des Reservats zusammen mit dem benachbarten italienischen Val di Livigno durch eine Staumauer bei Punt dal Gall unter Wasser gesetzt, was eine Verlegung der Nationalparkgrenze erforderte. Ausser den Naturschützern hatte aber auch das Militär protestiert: Es sah die Sicherheit der Schweiz in Gefahr, weil die Landesgrenze mitten durch die Bogenmauer des aufgestauten Lago di Livigno verläuft.

Natur- wie Grenzschützer sind inzwischen versöhnt. Die Italiener blieben friedlich und denken nicht daran, durch eine Sprengung der Talsperre mit dem Wasser des Livignosees das ganze Unterengadin zu ertränken. Und die Naturfreunde erreichten als Kompromiss, dass dem Spöl – im Gegensatz zu anderen von der Elektrizitätswirtschaft genutzten Flüssen im Alpengebiet – genügend Wasser verbleibt. So konnte das Spöltal als ein Schlüsselgebiet des Nationalparks seine natürliche Dynamik behalten. Daran ändert auch der Bau einer zweiten Staustufe bei Ova Spin am Ausgang des Reservats wenig. Im Gegenteil: Dieser lang gestreckte, stille See zwischen bewaldeten Felsen bildet einen hübschen Kontrast zum wilden Spölwasser weiter talaufwärts.

Noch keine Bären im Nationalpark

Ein weiterer Nutzungskonflikt wird bei der Anfahrt von Zernez her sicht-, hör- und riechbar. Die stark befahrene Ofenpassstrasse als einzige Verbindung mit dem Münstertal (Val Müstair) und weiter ins italienische Südtirol führt mitten durch den Park und gilt als dessen stärkste Beeinträchtigung. Wildbiologen bestätigen allerdings, dass sich die Tiere weit gehend an den Autoverkehr gewöhnt haben. Im Bereich der Strasse sind es vor allem Hirsche und Gämsen, weiter oben in der Felsregion Steinböcke, Steinadler und die 1991 wieder angesiedelten Bartgeier. Vermutlich dürften sich auch die Braunbären, die wohl gelegentlich aus den benachbarten italienischen Nationalparks einwandern werden, mit ihren blechernen Konkurrenten auf dem Asphalt arrangieren. Der letzte frei lebende Schweizer Bär wurde übrigens 1904 am Piz Pisoc an der Ostgrenze des späteren Nationalparks geschossen.

Auf eine Begegnung mit Bären brauchen wir uns noch nicht einzustellen. Vorderhand beschränkt sich der Kontakt mit Wild auf das Beobachten von Hirsch, Gämse, Steinbock, Adler und Geier aus der Ferne, vorteilhafterweise mit dem Feldstecher. Aus der Nähe zu betrachten ist die unberührte, urwaldartige Vegetation, durch die ein Netz von markierten Wanderwegen führt. Diese Pfade dürfen nicht verlassen werden. Auch sind Hunde und das Feuermachen verboten. Eigens eingerichtete Rastplätze laden zum Picknick aus dem Rucksack, denn unterwegs auf unserer fünfstündigen Tour gibt es keine Gaststätte.

Fjordartiger Livignosee

Bei Plan Periv trifft die Route auf den Spöl und folgt ihm am Ostufer bis zum Fuss der imposanten Staumauer am Livignosee. Weil das Bauwerk aus Beton am Südrand des Nationalparks erst nach einer letzten Flussbiegung sichtbar wird, ist die Überraschung – und der Kontrast zur unberührten Waldwildnis – umso grösser. Im Zickzack erklimmt der Weg an einigen Grenzsteinen vorbei die Mauerkrone bei 1806 m ü. M. Hier wird ebenso plötzlich der Blick auf den Lago di Livigno mit seinen zwei fjordartigen Armen frei. Der fünf Kilometer lange Ostfjord sammelt das Wasser aus dem zum Münstertal gehörenden Val Mora, während sich der fast acht Kilometer lange Südostarm bis zum Touristenort Livigno am Oberlauf des Spöl in Italien erstreckt. Wer beim Betrachten der Aussicht einige Schritte ins Ausland tun möchte – die Landesgrenze überquert die Staumauer in der Mitte –, tut nun mit entgegengesetzter Blickrichtung. Bei der Brücke von Punt Periv wechselt der Weg auf die westliche Seite des Flusses und verläuft dann längs der Talflanke in abwechslungsreichen

Der lang gezogene Lago di Livigno im Süden des Schweizerischen Nationalparks gehört grösstenteils zu Italien.

gut daran, wegen der italienischen Zollkontrolle Ausweispapiere dabeizuhaben. Die Schweizer Grenzwächter hingegen befinden sich nicht am Ufer des Stausees selbst, sondern am nördlichen Ende des vier Kilometer langen Livigno-Strassentunnels bei Punt la Drossa, wo ja unsere Wanderung begann.

Sturzbäche vom Teufelsberg
Der Rückweg von der Staumauer führt zuerst ein Stück weit auf bereits bekanntem Weg den Spöl entlang, doch Windungen bis zum Stausee Ova Spin. Immer wieder müssen wir, meist mit Sprüngen von Stein zu Stein, Seitenbäche von der Bergkette Piz da l'Acqua–Piz dal Diavel–Piz Murter überqueren, die rauschend und brausend dem Spöl entgegenstürzen. Der «Teufelsberg» Piz dal Diavel (3062 m ü. M.) ist insofern bemerkenswert, als Geologen dort spektakuläre Sauerierspuren entdeckt haben. Der versteinerte Strandabschnitt aus dem Erdmittelalter lag vor 200 Jahrmillionen auf Meereshöhe; die Kräfte

der alpinen Gebirgsbildung haben ihn in seine gegenwärtige Lage gebracht. Neben den Urzeit-Fährten finden sich auch fossile Korallen. Die heutige Heimat von Steinböcken hoch über den beiden Stauseen muss in ferner Vergangen- Ostufer. Der Weg steigt etwas an, umgeht eine Felspartie und senkt sich dann zum Ufer des stillen Gewässers auf 1630 m ü. M. Dann durchquert er die Flur von Margun Grimmels und gewinnt schliesslich mit einem letzten Steilan-

Spölsee bei Ova Spin: Selbst im Nationalpark wird das Wasser zur Energiegewinnung genutzt.

heit also ein tropisches Flachmeer gewesen sein, vergleichbar der Karibik mit ihren Traumküsten.

Am Stausee von Ova Spin

Wo der Spöl in den schmalen Stausee von Ova Spin mündet, führt bei Plan Praspöl eine weitere Brücke wieder ans stieg die Ofenpassstrasse. Der letzte Kilometer bis zur Postautohaltestelle Ova Spin an der nördlichen Nationalparkgrenze verläuft auf der Strasse selbst, wobei sich immer wieder schöne Tiefblicke zum zweieinhalb Kilometer langen und kaum 300 Meter breiten See öffnen.

Saoseosee, Lagh da Scispadus, Lagh da Val Viola

Verträumte Bergseen im Val da Camp

Route Postautohaltestelle Pozzolascio–Bosch da la Crota–Suracqua–Terzana–Poz da Rügiul–Saoseo–Lagh da Saoseo–Lagh da Scispadus–Lagh da Val Viola–Alp Camp.

Anreise Mit der Rhätischen Bahn RhB von Chur via St. Moritz (□ 940) nach Ospizio Bernina oder Poschiavo (□ 950). Von dort mit dem Postauto der Berninapassroute nach Pozzolascio (□ 950.40).

Rückreise Von der Alp Camp mit dem Postauto via Sfazù (□ 950.42) nach Ospizio Bernina oder Poschiavo. Von dort mit der RhB nach St. Moritz (□ 950).

Wanderzeit 4–5 Stunden mit 600 Meter Steigung und 100 Meter Gefälle.

Variante Von der Alp Camp auf dem Flursträsschen zur Postautohaltestelle Sfazù an der Berninapassstrasse, 2 Stunden und 450 Meter Gefälle mehr. Von dort mit dem Postauto nach Ospizio Bernina oder Poschiavo (□ 950.40).

Karte Landeskarte der Schweiz 1:25 000, Blatt 1278 «La Rösa».

Gaststätten Pozzolascio/Pozzulasc, Alp Camp, Sfazù. Einfache Übernachtungsmöglichkeiten im Berggasthaus Alp Camp sowie in der nahen SAC-Hütte Saoseo (Rifugio CAS in Lungacqua).

Jahreszeit Mitte Juni bis Mitte Oktober.

Wasserscheide am Berninapass

Das Puschlav in Südbünden ist ein spezielles Tal: Auf nur 25 Kilometer Länge sticht es vom Berninapass fast 2000 Meter in die Tiefe zur italienischen Grenze bei Campocologno. Dabei sind von der Gletscherwelt am 2328 Meter hohen Passo del Bernina bis zu den Veltliner Reben um Tirano drei Talstufen und vier Klimazonen zu überwinden. Unsere Wanderung zu den drei Bergseen Lagh da Saoseo, Lagh da Scispadus und Lagh da Val Viola im Val da Camp, einem östlichen Seitental des Val Poschiavo, bleibt im alpinen Bereich, bietet aber zu Beginn hübsche Ausblicke auf den Talbo-

den des Hauptortes Poschiavo mit dem Lago di Poschiavo. Dieser fast drei Kilometer lange, knapp einen Kilometer breite und 85 Meter tiefe See wurde durch einen prähistorischen Bergsturz aufgestaut: Vor Jahrtausenden gingen bei Miralago gegen 200 Millionen Kubikmeter Gestein nieder und versperrten dem Puschlaver Talfluss Poschiavino den Weg.

Oben am Berninapass glitzert auf 2234 m ü. M. als Gegenstück der Lago Bianco, vier Kilometer lang, gut einen halben Kilometer breit und immerhin 53 Meter tief. Hier verläuft die Kontinentalwasserscheide: Der Lago Bianco –

Der Wanderweg zum Lagh da Saoseo und seinen Nachbarseen führt durch das idyllische Val da Camp.

auf Deutsch «heller See» – schickt sein Wasser gegen Poschiavino, Adda und Po in die Adria, während das Wasser des nur wenige Meter nördlich angrenzenden Lej Nair – des «schwarzen Sees» – via Inn und Donau zum Schwarzen Meer fliesst. Am Ostufer der beiden Seen verläuft die schmalspurige Berninabahn; sie ist das ganze Jahr über in Betrieb und gilt als die höchstgelegene Alpenüberquerung auf Schienen.

Saoseosee: Baumstämme im klaren Gewässer.

Winterschnee kühlt die Alpenmilch

Das von Mitte Juni bis Mitte Oktober auf der Berninapassstrasse zwischen den Stationen Ospizio Bernina und Poschiavo der Rhätischen Bahn verkehrende Postauto bringt uns an den Ausgangspunkt unserer Wanderung ins Val da Camp. Die Tour zu den drei verträumten Bergseen beginnt auf 1522 m ü. M. bei der Haltestelle Pozzolascio (so steht es italienisch im Fahrplan) bzw. Pozzulasc (wie der Ort im Dialekt und auf der Landeskarte heisst). Zuerst führt die Route auf einem verkehrsfreien Strässchen durch den Bergwald von Bosch da la Crota zur Alp Suracqua, dann weiter auf einem Fusspfad mit vielen Windungen zum Ufer des Saoseosees bei 2028 m ü. M. Unterwegs fallen seltsame, kuppelförmige Bauten aus Bruchsteinen auf. Es sind mit hart gepresstem Winterschnee gefüllte Vorratskeller, die seit Jahrhunderten von den Sennen zum Lagern der Milch benützt werden.

Wir hingegen kühlen unsere Getränke im klaren Wasser des kreisrunden, von lichtem Arven-, Fichten- und Lärchenbestand gesäumten Lagh da Saoseo. Er steht, wie das ganze Val da Camp mit den beiden anderen Bergseen, unter Landschaftsschutz und ist ins Bundesinventar der Landschaften und Naturdenkmäler von nationaler Bedeutung (BLN) aufgenommen worden. Die Initiative zum Schutz des Naturparadieses ging übrigens von Einheimischen aus, was in den Südalpen keineswegs selbstverständlich ist. Sie kam gerade rechtzeitig, um eine wilde Ferienchalet-Bautätigkeit zu unterbinden. Heute dürfen keine weiteren Häuser mehr errichtet werden, und das ungeteerte Holpersträsschen zur Alp Camp ist dem alpwirtschaftlichen Verkehr vorbehalten – sowie dem Mini-Postauto, das wir (Reservation empfohlen) zur Rückfahrt gerne benützen werden.

Der Saoseosee, die schönste Perle der südlichen Bündner Alpen, steht unter Landschaftsschutz.

Alpenrosen am Grenzpass

Vorerst aber wollen wir noch dem Lagh da Scispadus und dem Lagh da Val Viola einen Besuch abstatten. Sie verdanken ihre Entstehung, wie übrigens auch der Lagh da Saoseo, Felsstürzen von den umliegenden Gneisgebirgen und den Moränen längst geschmolzener Eiszeitgletscher. Diese natürlichen Barrieren sind aber nur bei genauem Hinschauen zu erkennen, da sie von einer für diese Höhe erstaunlich dichten Vegetation bedeckt werden. Das südalpine Klima mit reichlich Sonne und Regen lässt im Val Viola, wie der obere Abschnitt des Val da Camp heisst, die Baumgrenze bis gegen 2200 m ü. M. steigen. So sind denn die Ufer des Lagh da Val Viola auf 2159 m ü. M. von Lärchen bestanden. Weiter oben, wo ein alter Saumpfad über den Pass da Val Viola nach Italien führt (nach Arnoga, San Carlo und schliesslich Bòrmio am Fuss des Stilfserjochs), wachsen in ausgedehnten Feldern noch Alpenrosen. In einer solch einsamen Wald-und-Fels-Landschaft würden sich zweifellos auch Bären wohl fühlen. Obwohl noch keine gesichtet wurden, halten es Wildbiologen für durchaus möglich, dass Braunbären aus den nahen Nationalparks der italienischen Alpen in absehbarer Zeit die Bündner Südtäler wiederbesiedeln könnten.

Im Pulmino talwärts

Der Violasee und der kleinere, in einem Geländetrichter liegende Lagh da Scispadus haben keinen oberirdischen Abfluss; ihr Wasser versickert im lockeren Gesteinsschutt des Untergrundes. Dem Saoseosee hingegen, der mit seinem smaragdfarbenen Wasser als einer der schönsten Bergseen der ganzen Alpen gilt, entströmt am Westufer ein munterer Bach.

Beim Abstieg vom Violasee zur Alp Camp mit ihrem Gasthaus, wo man auch übernachten kann, geht der Blick nach links, also ostwärts, zum Grenzkamm gegen Italien. Diese Kette zwischen Corno di Dosdè und Scima da Saoseo wirkt in ihrer Schroffheit durchaus hochalpin, obwohl ihre Gipfel nur wenig über die 3000-Meter-Marke ragen. Zum alpinen Charakter trägt das Firnfeld des Vedreit dal Dügüral an der Scima da Saoseo bei, das durch seine Nordexposition vor den Strahlen der südlichen Sonne geschützt ist.

In dieser Sonne geniessen wir zum Abschluss der Drei-Seen-Wanderung auf der Alp Camp noch eine Erfrischung vor der Abfahrt des Postautos. Der Kleinwagen, von den Einheimischen Pulmino genannt, verkehrt von Mitte Juni bis Mitte Oktober talwärts durchs Val da Camp zur Berninapassstrasse und stellt in Sfazù den Anschluss an die Postautolinie Ospizio Bernina–Poschiavo her.

St. Moritz: zwei Seen und ein Schmelzwasserbecken

Vom Glamour zum Gletscher

Route St. Moritz–St. Moritzer See/Lej da San Murezzan–Acla Dimlej–Stazersee/Lej da Staz–Pontresina–Islas da la Resgia–Runtunas–Alp Veglia–Alp Nuova–Morteratsch–Zungenende des Morteratschgletschers/Vadret da Morteratsch–Morteratsch.

Anreise Mit der Rhätischen Bahn RhB von Chur nach St. Moritz (□ 940).

Rückreise Von Morteratsch mit der Rhätischen Bahn RhB entweder via St. Moritz nach Chur (□ 950/940) oder mit Umsteigen in Pontresina nach Sagliains (□ 950/960) und von dort nach Landquart (□ 910).

Wanderzeit 5 Stunden mit 300 Meter Steigung und 200 Meter Gefälle.

Variante Die Wanderung erst in Pontresina beginnen, $1\frac{1}{2}$ Wanderstunden weniger.

Karten Landeskarte der Schweiz 1:25 000, Blätter 1257 «St. Moritz» und 1277 «Piz Bernina».

Gaststätten St. Moritz, Landgasthof «Meierei»/Acla Dimlej, Stazersee, Pontresina, Morteratsch.

Jahreszeit Sommer und Herbst.

St. Moritzer See zwischen Nobelkurort und Bergwald: Hier flanieren die Reichen und Schönen.

Rendezvous der vornehmen Welt

Vier ganz unterschiedliche Landschaften können wir auf dieser Seen-Tour durchs Oberengadin in fünf Stunden erleben: zuerst die Flanierpromenade am See von St. Moritz und den dunklen Stazerwald mit seinem geheimnisvollen Moorsee, dann die Wanderung die muntere Ova da Bernina entlang flussaufwärts, schliesslich den rasch abschmelzenden Morteratschgletscher im Berninagebiet.

Der St. Moritzer See heisst, da er im rätoromanischen Sprachgebiet liegt, offiziell Lej da San Murezzan. Auf dem Spazierweg vom Bahnhof des Weltkurortes das Seeufer entlang zum Ausflugsrestaurant «Meierei» beim einstigen Gutshof Acla Dimlej sind aber vor allem deutsche, englische, italienische oder auch mal französische Laute zu vernehmen. Diese Promenade war schon vor hundert Jahren sehr beliebt, wie ein Artikel im «Geographischen Lexikon der Schweiz» von 1906 belegt: «Rings um den See führt ein anmutiger Weg, und überall herrscht ein ungemein reges und vielgeschäftiges Leben, an dem alle zivilisierten Nationen sich beteiligen. Kein anderer Gebirgs- oder Hochlandsee der Schweiz kann sich in dieser Hinsicht mit dem Sankt Moritzer See vergleichen. Er ist ein Rendez-vous der vornehmen und reisenden Welt.»

Ein Felsriegel gleich unterhalb des Bahnhofs – Endstation der Linie von Chur her – staut das 1600 Meter lange, 600 Meter breite und 44 Meter tiefe Gewässer, dessen Spiegel auf 1768 m ü. M. liegt. Durchflossen wird der im Winter mit einer dicken Eisdecke überzogene See vom jungen Inn. Auf seiner weiten Reise zur Donau und ins Schwarze Meer stürzt sich der Oberengadiner Alpenfluss, sobald er den See von St. Moritz verlassen hat, durch eine Schlucht in die Ebene von Celerina und Samedan, wo von Südosten her die Ova da Bernina einmündet. Dieser Nebenfluss wird uns, wenn wir den Stazerwald verlassen haben, während anderthalb Wanderstunden zwischen Pontresina und Morteratsch begleiten.

Moorseen und Gletscher auf dem Rückzug

Vorerst aber gilt unsere Aufmerksamkeit dem kleinen Stazersee/Lej da Staz in einer Waldlichtung unweit von Acla Dimlej. Das ganze Gelände im Dreieck St. Moritz–Celerina–Pontresina wurde während der letzten Eiszeit durch einen aus dem Berninagebiet vorstossenden Gletscher geschaffen. Wo das Eis im Felsuntergrund Wannen geformt hatte, bildeten sich nach dem Rückzug der Gletscher Moorseen. Die meisten von ihnen sind inzwischen verlandet und zu Hochmooren geworden; einzig der unter Naturschutz stehende Stazersee zeigt noch eine offene Wasserfläche. Der Verlandungsvorgang aber lässt sich auch hier beobachten: Von den Ufern her schieben sich Schilffelder und Schwing-

Kleine Oberfläche und geringe Tiefe: Auch der Stazersee zwischen St. Moritz und Pontresina ist am Verlanden.

rasen gegen die Seemitte vor, und es dürfte, sofern der Mensch nicht eingreift, bloss eine Frage der Zeit sein, bis auch dieses Gewässer verschwunden ist. Natürliche Landschaftsveränderungen anderer Art sind dann das Thema eines Lehrpfades zwischen Morteratsch und dem Zungenende des gleichnamigen Gletschers. Wie die allermeisten anderen Eisströme der Alpen spürt der Vadret da Morteratsch, so nennt man ihn hier im Engadin, die Erwärmung der letzten Zeit und zieht sich unter Hinterlassung von Moränen ins Hochgebirge zurück. Die verschiedenen Stationen des Gletscherlehrpfades zeigen, in welcher Geschwindigkeit das Abschmelzen geschieht.

Um 1850 endete die Eisfront, wie alte Abbildungen zeigen, nur wenige Meter von der heutigen Bahnstation Morteratsch entfernt. Als 1910 die Berninabahn gebaut wurde, hatte sich die Zunge bereits um 600 Meter zurückgezogen. Inzwischen ist dieser grösste Gletscher Graubündens nahezu weitere 1600 Meter geschrumpft. 2200 Meter Geländeverlust in 150 Jahren, das entspricht rund 15 Metern im Jahr. Heute hat sich das Rückzugstempo praktisch verdoppelt: Aktuelle Messungen ergeben jährliche Längenabnahmen von durchschnittlich 30 Metern.

Kurzlebige Schmelzwasserseen
Durch den Rückzug des Gletschers wird sein von Gesteinsschutt bedecktes Vor-

feld immer grösser, und das eigentliche Zungengebiet ist einer rapiden Veränderung unterworfen. In der Regel liegt am Rand des Eises ein kleiner Schmelzwassersee, der dritte See auf unserer Wanderung. Grösse und Gestalt dieses kurzlebigen, nur im Sommer und Herbst auftretenden Gebildes wechseln ständig, sodass die Landeskarte ihn gar nicht verzeichnet. Je nach Gesteinsuntergrund kann es auch vorkommen, dass es gar kein Becken zum Sammeln des Schmelzwassers gibt.

Ebenso faszinierend wie der nun bei 2100 m ü. M. endende Gletscher selbst, den man aus Sicherheitsgründen besser nicht betreten sollte, ist die Vegetation auf seinem Vorfeld. In extrem lebens-feindlicher Umgebung, von kalten Fallwinden gebeutelt, wachsen auf steinigem Moränenboden die ersten Pionierpflanzen. Je weiter man sich vom Gletscher entfernt, desto reicher wird die Gebirgsvegetation. Vor allem anspruchslose Moose wie das lustige Zackenmützenmoos und Blütenpflanzen wie Silberwurz, Gletscherhahnenfuss oder Steinbrech bilden eine Vorhut, die den Humus für nachfolgende Pflanzengesellschaften schafft – Alpenrosenfluren und erste zaghafte Ansätze einer Waldbildung von Lärchen, Weiden und Grünerlen. Der Morteratschgletscher reicht nämlich bis in die Zone des Baumbestandes herunter, dessen natürliche Obergrenze hier bei 2300 m ü. M. liegt.

Die Schmelzwasserseen am Zungenende des Morteratschgletschers sind sehr kurzlebige Gebilde.

Silsersee und Lägh da Cavloc

Wo Nietzsche Erholung fand

Route Sils/Segl Baselgia–Rundgang auf der Halbinsel Chastè–Chalcheras–Südufer des Silsersees/Lej da Segl–Isola–Plan Cuncheta–Creista–Plan Fedoz–Palü–Bosch da la Furcella–Rundweg um den Lägh da Cavloc–Zocheta–Lägh da Bita-bergh–Orden–Malojapass/Passo della Maloja–Gletschertöpfe–Maloja.

Anreise Mit der Rhätischen Bahn RhB von Chur nach St. Moritz (□ 940). Von dort mit dem Autobus oder mit dem Postauto nach Sils/Segl Baselgia (□ 940.80).

Rückreise Von Maloja mit dem Autobus oder mit dem Postauto nach St. Moritz (□ 940.80) und mit der RhB nach Chur (□ 940).

Wanderzeit 5 Stunden mit je 200 Meter Steigung und Gefälle.

Variante Winterwanderung am und über dem Silsersee (siehe Text).

Karten Landeskarte der Schweiz 1:25 000, Blätter 1276 «Val Bregaglia» und 1277 «Piz Bernina» (nicht unbedingt nötig, da die ganze Route perfekt markiert ist).

Gaststätten Sils/Segl Baselgia, Isola, Lägh da Cavloc, Maloja.

Jahreszeit Sommer und Herbst, Variante auch Winter.

Halbinsel der Ewigkeit

Wenige alpine Landschaften haben Künstler und Literaten derart nachhaltig inspiriert wie die Seen im Oberengadin. Wahrscheinlich ist es die harmonische Verbindung von Bergen, Seen und klarer, bereits südlich geprägter Atmosphäre, die Maler wie Giovanni Segantini aus dem nahen Norditalien oder den deutschen Philosophen Friedrich Nietzsche zu Meisterwerken ansporne. Auf ihren Spuren folgen wir zuerst dem Ufer des Silsersees – rätoromanisch Lej da Segl – und wenden uns dann den beiden kleineren Seen Lägh da Cavloc und Lägh da Bitabergh über dem Malojapass zu. Die Wanderung beginnt in Sils/Segl Baselgia mit einem Spaziergang über die Halbinsel Chastè, wo ein Denkmal an Friedrich Nietzsche (1844–1900) erinnert.

Bevor der depressiv veranlagte Schöpfer von «Also sprach Zarathustra» dem Wahnsinn verfiel, suchte und fand er zumindest vorübergehend an den Oberengadiner Seen Linderung seiner Seelenpein. Davon zeugt auch das Gedicht an seinem Denkmal aus Naturstein:

Lust, tiefer noch als Herzeleid
Weh spricht: vergeh!
Doch alle Lust will Ewigkeit
Will tiefe, tiefe Ewigkeit.

Wie Seen zweigeteilt werden

Mit seiner Oberfläche von gut vier Quadratkilometern ist der fünf Kilometer lange und maximal einen Kilometer breite Lej da Segl der grösste aller Oberengadiner Bergseen. Als Einziger besitzt der auf 1800 m ü. M. gelegene See eine fahrplanmässige Schifffahrtslinie (☐ 3940). Bis Ende September verkehren im Sommer Motorboote von Sils Maria nach Maloja, wobei auch die Haltestellen Chastè, Plaun da Lej und Isola bedient werden.

Isola ist trotz des Namens keine Insel, sondern nur das Delta des Bergbaches Aua da Fedoz, das allmählich nordwärts in den See hinauswächst. In dem Mass nämlich, wie Gesteinsschutt aus dem wilden Val Fedoz im maximal 70 Meter tiefen Silsersee abgelagert wird, verkleinert sich sein Becken. In einigen Jahrtausenden wird sich das Delta bis zum gegenüberliegenden Ufer vorgeschoben und den See in zwei Teile getrennt haben. Genau dies passierte bereits weiter östlich, wo die Aufschüttungen der Seitenbäche das einst zusammenhängende Becken von Silvaplanersee und Champfèrersee entzweiteilten.

Wir geniessen es, den Silsersee in seiner ganzen Pracht erleben zu können, und wandern auf schmalem Pfad längs des Südufers mit Blick auf Piz Lunghin (2780 m ü. M.) und Piz Grevasalvas (2932 m ü. M.) hoch über dem Malojapass. Beim gemütlichen Gasthaus im Sommerdörfchen Isola machen wir einen Zwischenhalt. Bergeller Bauern nutzen das Delta von Isola als Alpweide; so ist hier also nicht das Rätoromanische der Oberengadiner, sondern der italienische Dialekt des Bündner Südtals zu hören, begleitet vom Rauschen des Wasserfalls aus dem Val Fedoz.

Im Winter übers Schwarzeis

Der Silsersee ist ein Tummelfeld für Segelboote und Surfer. Nach einigen sonnigen Tagen erreicht das klare, saubere Wasser durchaus Badetemperaturen, doch sorgt der fast stetig wehende Bergwind dafür, dass man nach dem Schwimmen rasch wieder in die Kleider schlüpft. Sobald das Gewässer im Winter zugefroren ist, wird in Längsrichtung ein Wanderweg von Sils nach Maloja markiert. Diese anderthalbstündige Variante zur sommerlichen oder herbstlichen Ufertour ist vor allem bei Schwarzeis interessant, wenn also die blanke Eisdecke noch nicht von frisch gefallenem Schnee bedeckt ist. Trotz des Namens ist Schwarzeis nicht monoton einfarbig, sondern wechselt seine Tönung je nach Wassertiefe und Lichteinfall. Ausserdem sorgen helle Luftblasen für abwechslungsreiche Muster auf der glatten Eisfläche.

Zwei Bergseen zieht es zur Adria

Der zweite Abschnitt der Wanderung hinauf zu den idyllisch gelegenen Bergseen von Cavloc und Bitabergh ist dem

Faszinierend blankes Schwarzeis auf dem Silsersee: Es entsteht nur, wenn auf die frostigen Tage kein Schnee folgt.

Der von Lärchen umgebene, verträumte Lägh da Cavloc ist etwas weniger bekannt als die grossen Oberengadiner Seen.

Sommer oder dem Herbst vorbehalten. Je nach Witterung bis in den November hinein setzen hier die Lärchen mit ihrem flammend gelbroten Nadelkleid unter blauem Himmel vor bereits frühwinterlich weisser Bergkulisse einen Akzent, der noch lange im Gedächtnis haften bleibt. Beim Abstieg gegen den Malojapass führt die Route über einen Staudamm aus Beton. Der Riegel quer über das Bachbett der Orlegna soll ihre Gesteinsschuttmassen vom Bergell fernhalten und die gefürchteten Hochwasserspitzen brechen.

Wenig weiter unten im Tal vereinigt sich die Orlegna mit der Maira, die durch das Bergell zum Comersee und schliesslich via Po zur Adria fliesst. Das Wasser aus dem Silsersee hingegen macht sich mit dem Inn auf die lange Reise ostwärts via Donau zum Schwarzen Meer. Hier beim Malojapass befindet sich nämlich die Kontinentalwasserscheide. Sowohl der fast kreisrunde Lägh da Cavloc mit seinen 450 Meter Durchmesser – die Bergeller nennen ihn Lago di Cavloccio – wie auch der kleinere Lägh da Bitabergh gehören zum Einzugsgebiet der Maira, schicken ihr Wasser also auf den Weg nach Süden ins Adriatische Meer.

Die Gletschertöpfe von Maloja

Beim Tagesziel Maloja entschliessen wir uns für einen Rundgang zu den Glet-

Der Knüppelweg zwischen Felsblöcken erleichtert das Vorankommen am feuchten Ufer des Cavlocsees.

schertöpfen über der Passhöhe, die das Oberengadin mit dem Bergell verbindet. Gegen Ende des 19. Jahrhunderts baute der belgische Graf Camille de Renesse das mächtige Hotel «Maloja Palace» mit seiner Parkanlage am Ufer des Silsersees. Als der Graf im Bergföhrenwald westlich davon eine Privatresidenz errichten liess, stiessen die Arbeiter auf sieben seltsame Vertiefungen im Fels. Geologen deuteten die kreisrunden, bis elf Meter tiefen Löcher als Gletschermühlen, entstanden zur Eiszeit durch die erodierende Wirkung des Schmelzwassers vom Malojagletscher.

Die Umgebung dieser Riesentöpfe, der «Marmitte gigante», steht samt einem kleinen Hochmoor unter Naturschutz, lässt sich aber auf einem zwei Kilometer langen Rundparcours besuchen. Auch der vom belgischen Grafen 1882 erbaute Wohnturm ist heute öffentlich zugänglich und ein idealer Ausguck im lichten Föhrenforst. Gegen Nordosten blinkt der Spiegel des Silsersees, überragt vom 3158 Meter hohen Piz de la Margna, und nach Südwesten öffnet sich, tief ins südalpine Grundgebirge gekerbt, die schmale Talfurche des Val Bregaglia, des Bergells.

Lägh da l'Albigna/
Albignasee

Strom aus dem Bergell für Zürich

Route Postautohaltestelle Pranzaira–Motta Ciürela–Sasc Prümaveira–
Staudamm des Albignasees/Lägh da l'Albigna–Albignahütte
SAC/Capanna da l'Albigna CAS–Staudamm Albignasee–
Bergstation Albigna-Luftseilbahn.

Anreise Mit der Rhätischen Bahn RhB von Chur nach St. Moritz
(□ 940), von dort mit dem Postauto nach Pranzaira im
Bergell (□ 940.81).

Rückreise Vom Staudamm des Albignasees mit der Luftseilbahn nach
Pranzaira (□ 2958) und von dort mit dem Postauto nach
St. Moritz (□ 940.81).

Wanderzeit 5 Stunden mit 1200 Meter Steigung und 200 Meter Gefälle.

Variante Von Pranzaira statt zu Fuss mit der Luftseilbahn zum
Albigna-Staudamm, etwa drei Wanderstunden und knapp
1000 Meter Steigung weniger.

Karten Landeskarte der Schweiz 1:25 000, Blätter 1276 «Val Bregaglia» und 1296 «Sciora».

Gaststätten Pranzaira, Albignahütte SAC.

Jahreszeit Anfang Juli bis Ende September (Betrieb der Luftseilbahn).

Ein gekapptes Hochtal

Schon die Anfahrt aus dem Oberengadin ins Bergell oder Val Bregaglia, wie die italienischsprachigen, protestantischen Bewohner dieses Bündner Südtals sagen, ist ein Erlebnis: zuerst die Weite des Hochtals mit Silvaplanersee und Silsersee am jungen Inn, dann auf dem 1815 Meter hohen Malojapass der jähe Abbruch ins enge Tal der Maira. Eigentlich ist der Maloja gar kein richtiger Pass – ihm fehlt der Anstieg auf der Nordseite –, sondern die Abbruchkante des Inntals ins Bergell. Denn die wilde Maira mit ihrer rasanten Erosionsarbeit hat es über die Jahrtausende geschafft, den Oberlauf des Inns zu kappen.

Einst entsprang der damals natürlich noch namenlose Inn nämlich in der Gegend oberhalb des heutigen Chiavenna im unteren Bergell. Seither räumte die Maira mehrere Kubikkilometer Gestein weg und verkürzte so den Innlauf. Dieser erdgeschichtliche Prozess geht übrigens immer noch weiter: Mit der Zeit wird die Orlegna als Nebenfluss der Maira bei Maloja gar den Silsersee anzapfen und die Kontinentalwasserscheide zwischen Mittelmeer (die Maira fliesst in den Po) und Schwarzem Meer (der Inn in die Donau) weiter nach Osten Richtung St. Moritz verschieben.

In einer Reihe von Serpentinen senkt sich die Strasse vom Malojapass westwärts zur Schwemmebene von Casaccia und Löbbia, wo die Orlegna in die aus dem Val Maroz heranströmende Maira mündet. Hier liegt auch das Ausgleichsbecken Löbbia. Erstellt wurde es im Zusammenhang mit dem Bau der Albigna-Stauanlagen, der zwischen 1955 und 1961 Beschäftigung ins Bündner Bergtal brachte. Noch heute zählen die der Stadt Zürich gehörenden Bergeller Kraftwerke mit rund 30 Angestellten zu den wichtigsten Arbeitgebern der Region.

Sportlicher Aufstieg oder lockere Fahrt

Die Eintiefungsarbeit von Orlenga und Maira hat auch die Grundlage zur Energienutzung im Bergell geschaffen, denn das starke Gefälle zwischen Nebentälern und Haupttal rief geradezu nach Wasserkraftwerken. Als zu Beginn der Hochkonjunktur die wachsende Stadt Zürich nach mehr Elektrizität verlangte, hat man die lang gestreckte Senke am Zungenende des Albignagletschers mit Hilfe einer Bogenstaumauer aus Beton unter Wasser gesetzt. Die damals beim Bau verwendete Seilbahn dient heute zwischen Anfang Juli und Ende September dem Wander- und Bergtourismus.

Bei der Postautohaltestelle Pranzaira, die zur Gemeinde Vicosoprano gehört, beginnt an der Talstation dieser Kraftwerkseilbahn der steile Fussanstieg zur Staumauer. Hier auf 1200 m ü. M. macht das Bergell mit seinen Nadelwäldern noch einen durchaus alpinen Eindruck, die südlich anmutende Landschaft der Kastanienhaine findet sich erst weiter talabwärts gegen die Grenze zu Italien bei

Castasegna. Alpin und entsprechend anstrengend ist auch der schmale Pfad hinauf zum Albigna-Stausee: Was das Wasser in der Druckleitung an Energie entwickelt, muss der Mensch beim Bewältigen von knapp 1000 Meter Höhenunterschied mühsam seinen Muskeln abverlangen. Wer auf diesen sportlichen Kraftakt verzichten möchte, lässt sich von der Seilbahn in die Höhe tragen und erlebt statt in drei Stunden in bloss elf Minuten, wie sich das Panorama stufenweise erweitert. Oben auf 2165 m ü. M. beim Damm am Albignasee oder Lägh da l'Albigna, wie er hier heisst, befindet man sich dann über der Baumgrenze im Angesicht wild zerrissener Berge aus grauem Granit.

Bergeller Granit

Der Gang über die 800 Meter lange Bogenmauer, die mit ihrem grauen Beton gar nicht so schlecht in die Landschaft passt (denn das beim Bau verwendete Gesteinsmaterial stammt aus der Region), ist das einzige gerade Wegstück des Wandertages. Auf dem Rückweg vom Wendepunkt der Tour bei der SAC-Hütte Albigna auf 2336 m ü. M. werden wir den Damm noch ein weiteres Mal überschreiten.

Durch den Aufstau des knapp zweieinhalb Kilometer langen und maximal einen Kilometer breiten Albignasees versanken eine Alpweide, ein Wasserfall und die alte SAC-Unterkunft in den kalten Fluten. Seit 1955 dient nun die auf einem erhöhten Felssporn erstellte neue Albignahütte als Raststätte und für Alpinisten als Ausgangspunkt zu Fels- oder Gletschertouren. Als Ziele locken etwa die Eisströme Vadrec da l'Albigna am Grenzkamm zum italienischen Veltlin, der zweigeteilte Vadrec dal Castel oder der Vadrec dal Cantun; alle drei Gletscher liefern ihr Schmelzwasser und zuweilen ein Stück Eis in den Albignasee.

Für Kletterer bietet die Uferregion viele lohnende Routen in griffigem Gestein. Der Bergeller Granit ist vor 30 Millionen Jahren bei der Alpenbildung als glutflüssiger Gesteinsbrei (Magma) aus dem Erdinnern ins werdende Gebirge eingedrungen und hier langsam erstarrt. Nach der Abtragung der ursprünglich bis zu 5000 Meter hohen Gipfel liegt nun der erkaltete Granitkörper frei. Auffallend in dem teils massigen, teils klüftigen Granit sind die grossen Feldspatkristalle; auf dem Heimweg kann man sich als Souvenir ja ein Stück in den Rucksack packen.

Für Wanderer bedeutet die SAC-Hütte mit ihrer prachtvollen Aussicht auf See und Berge Endstation. Sie gehört der Zürcher Alpenclub-Sektion Hoher Rhon und ist, nicht zuletzt dank guter Zugänglichkeit mit der Seilbahn, rege besucht. So profitiert das Bergell gleich in zweifacher Hinsicht von den Zürchern: Es liefert elektrischen Strom aus den Bergen ins Flachland und ist bereit für den Touristenstrom von der Alpennordseite nach Südbünden.

Albignagletscher auf dem Rückzug: Seine schuttbedeckte Eiszunge erreicht den Stausee heute nicht mehr. Hinten der 3174 Meter hohe Pizzo di Zocca.

Lag da Pigniu auf der Panixeralp

Wo Suworows Soldaten litten

Route Pigniu/Panix–Cuolms–Acla Davon–Staumauer–Alp da Pigniu/Panixer Alp–Denter Auas–Staumauer–Uaul Vallettas–Camartgin–Tscheppa–Puttadiras–Curnengia–Andiast.

Anreise Mit den SBB von Zürich (□ 900) oder St. Gallen–St. Margrethen (□ 880) nach Chur. Von dort mit der Rhätischen Bahn RhB nach Rueun (□ 920) und mit dem Postauto weiter nach Pigniu/Panix (□ 920.55).

Rückreise Von Andiast mit dem Postauto nach Ilanz (□ 920.60) und mit der RhB nach Chur (□ 920).

Wanderzeit 3–4 Stunden mit 150 Meter Steigung und 300 Meter Gefälle.

Karte Landeskarte der Schweiz 1:25 000, Blatt 1194 «Flims».

Gaststätten Pigniu/Panix, Andiast.

Jahreszeit Mitte Juni bis Mitte Oktober.

Dorf am Fusse des Panixerpasses

Den Panixerpass kennt man. Dieser nur Wandertouristen vorbehaltene Übergang von Elm im Kanton Glarus ins Bündner Vorderrheintal kulminiert bei 2407 m ü. M. und heisst im rätoromanischen Idiom der Surselva Pass digl Veptga. Verschwunden aus der Landeskarte ist hingegen der deutsche Dorfname Panix am Südfuss dieses Passes: Heute wird amtlich nur noch die lokalsprachliche Form Pigniu verwendet. Auch die Panixeralp ist verschwunden – überflutet durch das Wasser eines der jüngsten Stauseen in den Schweizer Alpen.

Die Panixerpass-Tour von Elm nach Pigniu ist ein anstrengender Tagesmarsch. Leichter ist die Anreise zum Ausgangspunkt unserer Rundwanderung um den Stausee von Rueun her, dessen deutscher Name Ruis ebenfalls der Romanisierung zum Opfer gefallen ist (obwohl ihn die Einheimischen selbst noch gerne gebrauchen). In Rueun wartet das Mini-Postauto zur 15-minütigen Bergfahrt nach Pigniu/Panix. Der Gang durchs Dorf auf 1300 m ü. M. an der Sonnenflanke über dem Tobel des Wildbachs Schmuer macht rasch mit den wenigen Sehenswürdigkeiten bekannt: der 1665 erbauten Kirche und der Tafel zum Gedenken an General Suworows Übernachtung im Herbst 1799. Von den beiden Wegweisern über den Panixerpass gibt der eine zur Passhöhe 3 und nach Elm 6 Stunden an, während der andere für die gleiche Route gemächlichere 4 bzw. 8 Stunden veranschlagt.

1799: Hunger, Erschöpfung, Kälte

Durch das stille Dörfchen, dessen Name vom lateinischen Wort «pinetum» (Föhrenwald) hergeleitet wird, wehte im Oktober 1799 einige Tage der Hauch der Weltgeschichte. Als sich nach dem Untergang der Alten Eidgenossenschaft Truppen aus ganz Europa in der Schweiz bekämpften, biwakierte hier die Armee des russischen Generals Suworow auf seinem Feldzug gegen die Franzosen. Die Bauernburschen aus den Steppen Russlands waren nach wochenlangen Märschen und Kämpfen in dem für sie ungewohnten Gebirge zu Tode erschöpft.

Ein früher Wintereinbruch hatte den Weg von Elm her über den verschneiten und vereisten Panixerpass fast unpassierbar gemacht. Die ganze Artillerie ging unterwegs verloren, fast alle Pferde und ein Drittel der Mannschaft überlebten das Drama zwischen dem 4. und 7. Oktober nicht: Die Soldaten verirrten sich im Nebel, stürzten in Abgründe, starben unterwegs an Hunger, Erschöpfung, Kälte. Noch lange danach fand man in der Passregion Gerippe und Waffen der Unglücksarmee.

Zur Erinnerung an Suworows Opfergang – sein Feldzug galt der Befreiung der Schweiz von der französischen Invasionsarmee – haben die Ilanzer Kraftwerke ihre Staumauer ob Pigniu mit ei-

Das Bild auf der Staumauer des Panixersees täuscht: So munter sind Suworows Soldaten hier nicht durchgezogen.

nem entsprechenden Sujet bemalen lassen: Heute marschieren die Russen mit ihren Bärenfellmützen in guter Ordnung über den blanken Beton der 52 Meter hohen und 270 Meter langen Talsperre.

Gletscherwasser vom Hausstock

Bis 1989 war die Alp da Pigniu/Panixeralp, zu Fuss eine Stunde oberhalb des Dorfes, ein Paradies für Kühe und Rinder. Dann begann man, nachdem in vier Jahren 160 000 Kubikmeter Beton verbaut worden waren, mit dem Aufstauen des Lag da Pigniu, des Panixersees. Der 1,5 Kilometer lange und 300 Meter breite Fjord zwischen senkrechten Kalkfelsen sammelt das Schmelzwasser der drei Gletscher zwischen Hausstock (3158 m

ü. M.) und Ruchi (3107 m ü. M.): Glatscher da Mer, Glatscher da Flua, Glatscher da Gavirolas. Seit 1990 speist der 7,3 Millionen Kubikmeter fassende Stausee mit seiner Spiegelhöhe von 1452 Metern die Turbinen des 740 Meter tiefer gelegenen Kraftwerks Ilanz und erzeugt 60 000 Kilowatt Strom. Mehrheitsaktionäre der Kraftwerke Ilanz AG sind die Nordostschweizerischen Kraftwerke (NOK), beteiligt sind aber auch der Kanton und die Gemeinden des Einzugsgebiets.

Rund um den Panixersee führt ein Fussweg. «Entuorn in lag 1 ura», verheisst der Wegweiser, in einer Stunde sei man wieder bei der Staumauer. Bei niedrigem Wasserstand sind an den

Der Stausee ob Panix/Pigniu ist einer der jüngsten in den Schweizer Alpen. Im Hintergrund das markante Hausstock-Massiv.

Ufern zuweilen noch die Baumstrünke des vor der Überflutung abgeholzten Bergwaldes zu sehen. Auf den Abstecher zur Wasserlinie sollte man besser verzichten: Die mit Gesteinsschutt bedeckten Ufer sind steil und rutschig, der See ist tief und kalt. Das Gestein übrigens besteht aus Korallenkalk, entstanden im Jurameer des Erdmittelalters. Damals, vor 140 Jahrmillionen, war das Wasser wesentlich wärmer, aber auch salziger als heute in der Bündner Bergwelt.

Rast im «Postigliun»

Nach dem Seerundgang beginnt am westlichen Ende der Staumauer der zuerst recht ruppige, dann auf einem bequemen Alpsträsschen wesentlich sanf-

tere Abstieg gegen das Tagesziel Andiast. Unterwegs geht der Blick übers Tobel zum Dörfchen Pigniu. Die Fluren von Andiast sind weniger steil, aber auch weniger sonnig als die Weiden auf der andern Talseite. Überall im Vorderrheintal ist die Berglandwirtschaft noch lebendig, selbst wenn der eine oder andere Stall in grösserer Entfernung vom Dorf inzwischen ein Loch im Schindeldach aufweist.

Im Hotel/Restaurant «Postigliun» von Andiast kann man sich die Wartezeit aufs Postauto zur Talfahrt nach Ilanz verkürzen. Zum Panorama gehören der breite Rücken des Piz Mundaun im Süden und davor, auf einer Felsnase, die Burg Munt Sogn Gieri oder Jörgenberg.

Der Lag da Cauma und seine Nachbarseen

Perlen im Flimser Bergwald

Route Flims Waldhaus–Lag Prau Pulté–Lag Prau Tuleritg–Lag da Cauma/Caumasee–Iert Vegl–Conn–Uaul Stgir–Pintrun–Isla Bella–Chrummwag–RhB-Station Versam-Safien in der Vorderrheinschlucht.

Anreise Mit den SBB von Zürich (☐ 900) oder St. Gallen–St. Margrethen (☐ 880) nach Chur. Von dort mit dem Postauto Richtung Laax bis Flims Waldhaus (☐ 900.75).

Rückreise Von der Station Versam-Safien mit der Rhätischen Bahn RhB nach Chur oder via Disentis (☐ 920) nach Andermatt-Göschenen (☐ 612).

Wanderzeit 3–4 Stunden mit 400 Meter Gefälle.

Variante Vom Lag da Cauma/Caumasee nicht in die Vorderrheinschlucht absteigen, sondern Richtung Nordosten zum Lag da Cresta/Crestasee wandern, von Trin, Mulin mit dem Postauto zurück nach Chur (☐ 900.75); 1 Wanderstunde weniger und ohne problematisches Steilgefälle bei feuchten Wegen.

Karten Landeskarte der Schweiz 1:25 000, Blätter 1194 «Flims» und 1195 «Reichenau».

Gaststätten Flims Waldhaus, Lag da Cauma/Caumasee, Conn, Station Versam-Safien.

Jahreszeit Mai bis Spätherbst.

Tief hat sich der Vorderrhein in die Trümmer des vorgeschichtlichen Flimser Bergsturzes gefressen.

Harmonische Trümmerlandschaft

Es war eine geologische Katastrophe, der vorgeschichtliche Flimser Bergsturz, der dieses wunderschöne Erholungsgebiet im Bergwald von Flims Waldhaus mit seinen drei idyllischen Bergseen geschaffen hat. Vor rund 14 000 Jahren, gegen Ende der letzten Eiszeit, rutschten von der nördlichen Talflanke ungeheure Gesteinsmassen ins damals zum Glück noch unbewohnte Vorderrheintal. Die Landschaft auf den 15 Milliarden Kubikmeter Kalktrümmern dieses grössten Bergsturzes von Europa ist heute unter Schutz gestellt: Die unregelmässige Oberfläche der Lockergesteinsmasse bildet das Fundament der ausgedehnten Nadelwälder um den Kurort Flims Waldhaus mit den drei Bergseen Lag da Cauma, Lag Prau Tuleritg (sprich Tulertitsch) und Lag Prau Pulté. Und wo der Vorderrhein sein Bett in die Sturzmasse eingetieft hat, entstand die Schlucht der Ruinaulta zwischen Ilanz und Reichenau.

Unsere Wanderung berührt zuerst die drei Seen und führt dann in die eindrücklich-einsame Vorderrheinschlucht hinunter. Heute erinnert nichts mehr an den einst zweifellos brutalen Bergsturz. Die heutige Oberfläche des Gebiets ist von perfekter Harmonie: ein sanft gewelltes Relief, zum grössten Teil durch dunklen Bergwald bestockt, darin eingebettet wie Perlen die drei Seen. In diesem Naturpark liegt von Bäumen umgeben auch Flims Waldhaus an der Postautolinie zwischen Chur und Ilanz.

Wasserfall hinter dem Erlenvorhang

Die Route führt vorerst eine gemütliche halbe Stunde lang Richtung Westen zum kleinen, kreisrunden Lag Prau Pulté auf 1122 m ü. M., dem höchstgelegenen der drei Flimser Bergsturzseen. Dann überquert der Weg in südlicher Richtung die Kantonsstrasse, folgt etliche Hundert Meter einem Naturlehrpfad und senkt sich sodann zum bananenförmig lang gezogenen Lag Prau Tuleritg. Am sumpfigen Ufer wachsen Felder grossblättriger Pestwurz, flinke Wasserläufer eilen sechsfüssig, ohne einzusinken, über die Oberfläche, hinter einem Erlenvorhang rauscht ein Wasserfall und übertönt die Verkehrsgeräusche von der Strasse. Die Umgebung besteht aus einem unruhigen Relief mit einzelnen moosbewachsenen Bergsturzblöcken, zwischen denen sich im kühlen Schatten letzte Schneereste bis zum Frühsommer halten. Auch wenn die höher gestiegene Sonne die Wasserfläche bereits erwärmt hat, ist mit Baden hier jedoch noch nichts. Erst im benachbarten Caumasee gibt es dafür ausgiebig Gelegenheit.

Unterirdisch gespeister Lag da Cauma

Die beiden Prau-Seen wirken, weil von dichtem Wald umstanden, im Widerschein der Bäume dunkelgrün. Der wesentlich grössere Caumasee hingegen vermag den blanken Bündner Berghimmel zu spiegeln und erscheint mindes-

Faszinierendes Licht- und Farbenspiel am Caumasee inmitten des Bergwalds bei Flims.

tens stellenweise von smaragdfarbenem Blaugrün. Vom Rundweg längs des Ufers mit seinen zahlreichen Buchten erblickt man die hübsche Insel, ein beliebtes Ziel von Ruderbooten. An der Nordseite des Sees, mit Flims Waldhaus durch einen Lift verbunden, gibt es eine Badeanstalt samt Restaurant. Die Badesaison auf fast exakt 1000 m ü. M. dauert von Juni bis September, wobei die Wassertemperatur im Hochsommer bis auf angenehme 23 Grad steigt.

Weil der Caumasee im rätoromanischen Sprachgebiet liegt, heisst er auf der Landeskarte Lag da Cauma. Auch die beiden Ortschaften Flims und Waldhaus tragen – in der Praxis kaum je gebrauchte – einheimische Namen, nämlich Flem und Casa d'Uaul. Der 30 Meter tiefe Lag da Cauma hat oberirdisch weder einen Zu- noch Abfluss. Von unterirdischer Wasserzirkulation abhängig, unterliegt sein Spiegel beträchtlichen Schwankungen. Nach Schneeschmelze und Regenfällen ist das Becken randvoll. Trockenperioden hingegen lassen den Wasserstand um mehrere Meter sinken und legen am Ufer einen Streifen nacktes Gestein frei – Trümmer jenes Bergsturzes, der diese ganze Landschaft geschaffen hat.

Nachdem auch in der Region Flims im 19. Jahrhundert der Fremdenverkehr begonnen hatte, setzte man, um die kulinarisch anspruchsvolle Kundschaft zu befriedigen, 1882 im Caumasee Aale aus.

Zum Erstaunen der Biologen vermehrten sich die Fische, die sonst zum Laichen vom Süsswasser ins Meer ziehen, hier im isolierten Bergsee problemlos.

Abstieg in die Ruinaulta-Schlucht

Von der Uferbucht im Südosten zieht sich die Route, nun von der Landeskarte «Flims» auf das Nachbarblatt «Reichenau» wechselnd, zur Absturzkante des tief eingeschnittenen Vorderrheintals. Der bisherige Spazierweg wird zum schmalen, teilweise exponierten Wanderpfad, der entsprechende Vorsicht verlangt. Für den Tiefblick bleibt man besser stehen. Hell blinken die Türme aus hart gepresstem, von der Erosion zu bizarren Formen modelliertem Bergsturzmaterial am unzugänglichen Steilhang im Gegenlicht, während unten in der Tiefe der Fluss seine Schleifen zieht. Dort mündet auch die wilde Rabiusa aus dem Safiental, und stellenweise ist die Linie der Rhätischen Bahn erkennbar. Von der Lichtung Conn mit ihrer Sommerwirtschaft führt ein kleiner Weg direkt im Zickzack zum Rheinufer hinunter. Doch da es von dort keinen Steg ans

südliche Ufer mit der Bahnstation Versam-Safien gibt, schlägt unsere durchwegs gut markierte Route einen Bogen gegen Osten via Pintrun und taucht dann steil zur Schlucht hinab, zur Eisenbahnbrücke zwischen Isla Bella und Chrummwag.

Bei Nässe ist der Abstieg problematisch, weil sich die fein zerriebenen Kalkteilchen des Bergsturzmaterials in ein seifig-rutschiges Gleitmittel verwandeln. In diesem Fall empfiehlt sich die Variante vom Lag da Cauma nordostwärts zum Lag da Cresta/Crestasee, wobei man im nahen Weiler Mulin bei Trin das Postauto zurück nach Chur nimmt.

Wenn trockene Witterungsverhältnisse das Absteigen in die Vorderrheinschlucht erlauben, kann man unterwegs sehen, mit welcher Beharrlichkeit sich der Fluss hier im Verlauf der Jahrtausende 400 Meter tief durch die gewaltige Bergsturzmasse gefressen hat. Der Flimser Bergsturz umfasst das Vierhunterfache des Gesteinsvolumens, das am 2. September 1806 vom Rossberg herunter das Dorf Goldau mit 457 Menschen verschüttete.

Fünf-Seen-Wanderung am Pizol

Hoch hinaus über Sargans

Route Bergstation Pizolhütte–Wangsersee–Wildseeluggen–Wildsee–Schottensee–Schwarzplangg–Schwarzsee–Baseggla–Gamidaurspitz–Baschalvasee–Chuetschingel–Sesselbahn-Zwischenstation Gaffia.

Anreise Mit den SBB von Zürich (□ 900) oder St. Gallen (□ 880) nach Sargans. Von dort mit dem Postauto nach Wangs, Pizolbahn (□ 900.55) und mit der Gondelbahn und Sesselbahn zur Bergstation Pizolhütte (□ 2800.1/2800.2).

Rückreise Von Gaffia mit der Sesselbahn und der Gondelbahn hinunter nach Wangs (□ 2800.1/2800.2) und von dort mit dem Postauto nach Sargans (□ 900.55).

Wanderzeit 5 Stunden mit 600 Meter Steigung und 900 Meter Gefälle.

Variante Die Tour in Gegenrichtung unternehmen, siehe Text.

Karten Landeskarte der Schweiz 1:25 000, Blätter 1155 «Sargans» und 1175 «Vättis».

Gaststätten Pizolhütte, Gaffia.

Jahreszeit Anfang Juli bis Mitte Oktober (Saisonbetrieb der Pizolbahn).

Fünf Seen in fünf Stunden

Die Fünf-Seen-Wanderung am Pizol ist wohl jene Wanderung in diesem Buch, auf die man auch seine Freunde aus Übersee am liebsten mitnehmen würde. Voraussetzung ist aber, dass sie gut trainiert, bergtüchtig (also trittsicher und einigermassen schwindelfrei) sind und das erforderliche Schuhwerk besitzen.

Wo denn sonst kann man während fünf Stunden am Rand des Hochgebirges fünf so liebliche Seen kennen lernen wie hier hoch über Sargans? Schon die Anfahrt von Wangs mit Gondelbahn und Sesselbahn ist ein ganz spezielles Erlebnis. Jede Minute der Fahrt – insgesamt legen wir gegen 1700 Höhenmeter zurück – lässt das Panorama über dem Rhein- und Seeztal weiter und den Gonzen am Gegenhang kleiner werden. An der Endstation bei der Pizolhütte auf 2210 m ü. M. befindet man sich dann mitten in einer beeindruckenden Bergwelt. Falls jemand vor Wanderbeginn noch etwas trinken möchte, bietet sich auf der Sonnenterrasse des Gasthauses eine letzte Gelegenheit zum Einkehren. Das nächste Restaurant liegt erst am Ende der Tour in Gaffia. Es empfiehlt sich also, genügend Picknick in den Rucksack zu packen, denn die Fünf-Seen-Tour mit mehrmaligen Auf- und Abstiegen ist recht anspruchsvoll.

Der Wildsee inmitten seiner imposanten Felskulisse ist das höchstgelegene Gewässer der Fünf-Seen-Tour.

Halbzeit auf der viel begangenen Tour im St. Galler Oberland: der Schottensee mit der Churfirsten-Kette jenseits des Seeztales.

Tour in Gegenrichtung

Selbstverständlich kann man die Wanderung auch in umgekehrter Richtung absolvieren, d. h. von Gaffia bei 1861 m ü. M. hinauf zur Pizolhütte, also mit mehr Steigung als Gefälle. Allerdings sprechen zwei Gründe dagegen: Erstens gibt es spezielle Wanderbillette, mit denen die Seen in der hier beschriebenen Reihenfolge angesteuert werden. Zweitens müsste man, weil die überwiegende Mehrheit der Wandernden folglich diese Richtung wählt, gegen den Strom gehen, was zu zahlreichen und an engen Stellen nicht ungefährlichen Kreuzungsmanövern führt. Kommt dazu, dass bei jeder Begegnung im Prinzip ein Gruss

fällig wird, was nach der hundertsten Wiederholung wohl etwas mühsam wird und bestenfalls unseren ausländischen Freunden Spass macht, die mit der Zeit die ganze Palette schweizerischer Grussformeln kennen lernt – neben dem regional typischen «Grüezi» das «Grüessech» der Berner, das «Tagwohl» der Walliser und das «Bonjour» der Romands.

Ein See nach dem andern

Nach so viel Beredsamkeit in hehrer Alpenwelt – warum hat man sich denn ausgerechnet an einem Sommersonntag zu dieser Tour entschlossen? – nun ein Wort zu den fünf Seen. Der Wangsersee als Nummer 1 gleich bei der Pizolhütte befindet sich noch im Einzugsbereich der Alpweiden und wird von den Kühen gerne als Tränke benutzt, was seine Ufer stellenweise in Morast verwandelt. Nummer 2, der Wildsee auf 2438 m ü. M., rückt plötzlich ins Blickfeld, wenn man den Passübergang der Wildseeluggen erklommen hat. Dieser am höchsten gelegene, durch Schmelzwasser vom Pizolgletscher gespeiste See ruht in einer Wanne unter den Grauen Hörnern und wird im Süden vom Pizol (2844 m ü. M.) überragt. Die als Bergweg markierte Route führt nicht hinunter zum Ufer, sondern zieht durch eine Halde aus Gesteinsschutt weiter zum idyllischen Schottensee, der Nummer 3.

Hier findet sich vor dem Weitermarsch über die Schwarzplangg zum Schwarzsee manch schönes Picknickplätzchen. Der Schwarzsee als Nummer 4 erscheint nicht etwa schwarz, sondern je nach Sonnenstand und Bewölkung blau oder grau. Der fünfte See vor dem steilen Abstieg nach Gaffia heisst Baschalva, was «weisses Schaf» bedeutet und an die Rätoromanen erinnert, die noch im Mittelalter in der Region siedelten. Weitere rätoromanische Namen sind zum Beispiel auch Gamidaur oder Gaffia und auch Pizol, was durchaus zutreffend «hoher Berg» heisst.

Gesteinsvielfalt und Gletscherreste

Neben den fünf Seen verdient auch die Gesteinswelt Beachtung: Wo kaum noch Vegetation die Felsen bedeckt, prägt der Farbkontrast von weissem Kalk, grauem Sandstein und schwarzem Schiefer das Landschaftsbild. Gelegentlich setzt auch roter Verrucano einen Akzent – als Ablagerung vulkanischer Herkunft aus dem Erdaltertum ist er eine geologische Spezialität der Ostschweizer Alpen. Wesentlich jünger dagegen sind die Gletscherspuren auf blanker Felsoberfläche: Die Schrammen und Schliffe beweisen, dass die Gletscher einst einen viel grösseren Raum einnahmen als heute. Das Firnfeld am Nordhang des Pizols ist nur noch der letzte Rest einer ausgedehnten Vergletscherung, welche auch die Wannen der fünf viel besuchten Seen geschaffen hat.

Äschensee und Chüebodensee

Zwei ganz verschiedene Seen im Glarnerland

Route Elm–Äschensee–Schwändi–Bränden–Unter Chüeboden–
Mittlerer Chüeboden–Oberer Chüeboden–Seeboden–Chüebodensee–Passübergang Gelb Chopf–Cheerböden–Burst-
planggen–Bergstation Gondelbahn Empächli.

Anreise Mit den SBB von Zürich (□ 900) oder Rapperswil (□ 735)
nach Ziegelbrücke und weiter nach Schwanden (□ 736).
Von dort mit dem Autobus nach Elm (□ 736.70).

Rückreise Vom Empächli mit der Gondelbahn hinunter nach Elm
(□ 2837) und weiter wie Anreise.

Wanderzeit 6 Stunden mit knapp 1200 Meter Steigung und 650 Meter
Gefälle.

Variante Nach einem Abstecher zum Äschensee mit Gondelbahn
hinauf zum Empächli. Von dort Aufstieg über Chuenz–
Abedweid–Oberer Chüeboden zum Chüebodensee und
zurück wie oben. Wanderzeit 4–5 Stunden mit je 650 Meter
Steigung und Gefälle.

Karte Landeskarte der Schweiz 1:25 000, Blatt 1174 «Elm».

Gaststätten Elm, Empächli.

Jahreszeit Sommer und Herbst.

Als der Berg Elm begrub

In den Glarner Alpen gibt es eine Wanderung zwischen zwei Seen, wie sie unterschiedlicher kaum sein könnten. Der erste, der Äschensee beim Weiler Hinter Äschen eine Viertelstunde nördlich von Elm, ist in üppig grüne Vegetation eingebettet und die Heimat zahlreicher Tiere. Im Schilf finden Libellen Unterschlupf, und Seerosenblätter dienen Fröschen als Plattform. Auf dem grünblauen Wasser, in dem sich die Berge spiegeln, schwimmen Algenfetzen, die andeuten, dass der See mit Nährstoffen überdüngt ist, denn er liegt in landwirtschaftlich intensiv genutzter Umgebung.

Seit 1984 steht der Äschensee samt Uferzone im Umfang von 2,4 Hektar unter Naturschutz. Entstanden ist der See vor 120 Jahren durch den Bergsturz von Elm am 11. September 1881. Damals donnerten vom Plattenberg im Südosten des Dorfes zehn Millionen Kubikmeter Gestein zu Tal und verschütteten den unteren Dorfteil; 114 Menschen verloren dabei ihr Leben. Durch die Gesteinstrümmer wurde auch der Äschensee aufgestaut. Ausgelöst wurde der verheerende Bergsturz durch unsachgemässen Schieferabbau. Um mit möglichst geringem Aufwand an die damals für Schreibtafeln und Griffel in ganz Europa begehrten Schieferplatten zu gelangen, hatten die Elmer nämlich begonnen, auch die stützenden Trennwände an der Bergflanke zu sprengen, und liessen sich auch nicht warnen, als Spalten im Gelände weiter oben das kommende Unheil ankündeten.

Von der durch Menschen verursachten Naturkatastrophe ist heute kaum mehr etwas zu bemerken, denn der weiche Schiefer verwittert rasch und wurde bald von einer dichten Pflanzendecke überzogen. Einzig einige besonders grosse Bergsturzblöcke blieben stehen. Einer von ihnen am Ufer des Äschensees erinnert als Gedenkstein an die Opfer; eine weitere Gedenktafel befindet sich an der Elmer Kirche. Der nur wenige Meter tiefe See begann langsam zu verlanden, weil ihm der Williwangbach nach den im Glarnerland recht häufigen und heftigen Unwettern jeweils grosse Mengen an Geröll zuführt.

Russen im Glarnerland

Vom Äschensee auf 960 m ü. M. im fruchtbaren Boden des Sernftals führt ein steiler Aufstieg zum Chüebodensee in karger, alpiner Umgebung auf 2046 m ü. M. Nur die ersten zehn Minuten bis zur Sernfbrücke bei Schwändi verlaufen flach, und zwar auf dem so genannten Suworow-Weg, der an den Feldzug des russischen Generals erinnert. Am 5. Oktober 1799, als sich nach dem Untergang der Alten Eidgenossenschaft in der Schweiz Armeen aus halb Europa bekriegten, marschierte Suworows erschöpftes Heer auf der Flucht vor den Franzosen in Elm ein. Hier biwakierten die Russen und retteten sich am folgenden Tag bei schlechtem Wet-

Kurz nach Beginn der Wanderung lockt bereits der liebliche Äschensee zur Rast.

ter und unter grossen Verlusten über den Panixerpass ins Bündner Vorderrheintal hinüber.

Unser Anstieg auf der westlichen Talseite zum Chüebodensee ist zwar ebenfalls mit einiger Anstrengung verbunden, erfolgt aber freiwillig. Unterwegs auf dem Zickzackpfad durchs Tälchen der Chüebodenrus («Rus» bedeutet Runse) und von Alp zu Alp lohnt es sich, hin und wieder stehen zu bleiben und den Blick auf die gegenüberliegende Bergkulisse zu richten. Gut zu erkennen, noch besser mit Feldstecher, ist in der Kette der Tschingelhörner eine Öffnung im Fels: das berühmte Martinsloch, durch das zweimal im Jahr, am 12. oder 13. März um 8.53 Uhr und am 30. September oder 1. Oktober um 8.33 Uhr, die aufgehende Sonne während jeweils zwei Minuten genau auf den Elmer Kirchturm scheint. Das Naturschauspiel dürfte auch unseren Vorfahren schon aufgefallen sein, denn man vermutet, auf dem Kirchhügel von Elm, einem «Ort der Kraft», habe sich ein prähistorisches Observatorium befunden.

Geologielektion Tschingelhörner

Wenig über dem Martinsloch zieht sich eine scharfe Naht durch die Wand der Tschingelhörner. Sie trennt zwei Gesteinsschichten von unterschiedlicher Farbe und bereitete den Geologen im 19. Jahrhundert arges Kopfzerbrechen. Die dunklen, oberen Schichten sind nämlich wesentlich älter als die hellen

Wände darunter, was gegen das erdgeschichtliche Grundgesetz verstösst, dass bei Gesteinsabfolgen die älteren Schichten stets unten liegen. Schliesslich erkannte man, dass hier – wie auch an manch anderen Orten in den Alpen – die übliche Ordnung gestört ist, weil Kräfte der Gebirgsbildung ältere Gesteine über jüngere geschoben haben. Im Glarnerland liegt also eine Schlüsselstelle zur Erkenntnis der komplizierten Alpenbildung. Der Schub, mit dem ganze Gebirge in Bewegung gesetzt und auf Wanderschaft geschickt wurden, kam vor Jahrmillionen aus Süden, als der afrikanische Kontinent langsam, doch mit immerhin einigen Zentimetern pro Jahr gegen Europa vorrückte.

Wir dagegen erreichen mit einigen Hundert Meter Höhengewinn pro Stunde endlich den Chüebodensee. Er liegt in einer Mulde über der Waldgrenze, und oft bleibt das magere Gras am Ufer bis in den Sommer von Schnee bedeckt. Im Unterschied zum Äschensee leidet dieser See nicht an Überdüngung, und wer beim Aufstieg schon den Getränkevorrat aus dem Rucksack verbraucht hat, kann unbesorgt aus einem der kalten, klaren Bächlein trinken, die das idyllische Gewässer speisen. Ein prächtiger Wasserfall stürzt genau im Westen über die Felswand des Grates zwischen Schafgrind und Gelb Chopf. Er bildet den Hauptzufluss des 250 Meter langen und 100 Meter breiten Bergsees, der Abfluss jedoch erfolgt unterirdisch.

Die grossartige Aussicht am Chüebodensee lässt den anstrengenden Aufstieg sogleich vergessen. Im Hintergrund die Kette der Tschingelhörner.

Gnadenlose Nachmittagssonne

Um die Gondelbahn-Bergstation im Empächli zu erreichen, ist vom Seeufer zuerst ein weiterer kurzer Aufstieg bis zum Passübergang beim Gelb Chopf erforderlich. Von diesem höchsten Punkt der Tour bei 2117 m ü. M. geht es dann nur noch bergab bis auf 1485 m ü. M. Im Winter ist der Talkessel von Empächli (auf der Landeskarte steht «Ämpächli»), der sich vom 2447 Meter hohen Blistock gegen das Elmer Hinterland hin-unterzieht, ein beliebtes und schneesicheres Skigebiet. Im Sommer und auch an schönen Herbsttagen hingegen trifft eine gnadenlose Nachmittagssonne auf die südexponierten Hänge, sodass man bedauert, im Chüebodensee, weil zu kalt, kein erfrischendes Bad genommen zu haben. Zum Glück stehen bei der Alp Ober Ämpächli auf 1742 m ü. M. die ersten Bäume, und der Schatten des Waldes auf Teilen des letzten Wegstücks ist hochwillkommen.

Limmerensee und Muttsee

Durch den Werkstollen zum Ufer

Route Linthal–Stalden–Brantschen–Fätschli–Reitimatt–Tierfehd–
Kraftwerkseilbahn zur Bergstation–Tunnel zum Ufer des
Limmeren-Stausees–Muttseehütte SAC–Muttsee–Mutten-
wand–Punkt 2402–Nüschen–Chalchtrittli–Bergstation
Kraftwerkseilbahn und Talfahrt nach Tierfehd–Linthal.

Anreise Mit den SBB von Zürich (□ 900) oder Rapperswil (□ 735)
nach Ziegelbrücke und weiter nach Linthal (□ 736).

Rückreise Wie Anreise.

Wanderzeit 7 Stunden mit je 800 Meter Steigung und Gefälle.

Variante Mit dem Taxi von Linthal nach Tierfehd, 1½ Wanderstunden weniger.

Karten Landeskarte der Schweiz 1:25 000, Blätter 1173 «Linthal»
und 1193 «Tödi».

Gaststätten Linthal, Tierfehd, Muttseehütte SAC (mit Übernachtungsmöglichkeit).

Jahreszeit Hochsommer und Herbst.

Glarner Wasserkraft für Zürich

Diese Route zu zwei Bergseen im hinteren Glarnerland – der Limmerensee ist ein Stausee, der hoch gelegene Muttsee ein natürliches Gewässer – erscheint in zweifacher Hinsicht etwas ungewöhnlich. Erstens verkürzt die im Kursbuch nicht verzeichnete, doch für Wanderer benützbare Seilbahn der Linth-Limmern-Kraftwerke sowohl Anstieg wie Rückweg. Auskunft über Abfahrtszeiten erteilt die Zentrale Tierfehd der Linth-Limmern AG, Tel. 055 643 31 67. Zweitens verläuft der Weg von der Bergstation zum Ufer des Stausees in einem drei Kilometer langen Werkstollen, durch den während des Baus der 150 Meter hohen Staumauer zwischen 1957 und 1962 rund 240 000 Tonnen Zement transportiert wurden. Damals arbeiteten bis zu 1600 Mann an der Sperre aus Beton, die das Limmerental unter Wasser setzte, um Elektrizität für den wachsenden Bedarf der Stadt Zürich zu gewinnen.

Beim Bahnhof Linthal beginnt die Wanderung als anderthalbstündiger Bummel taleinwärts nach Tierfehd, wo sich die himmelhohen Felsmauern der Glarner Alpen zur Sackgasse schliessen. Die Bezeichnung Tierfehd (auf der Landeskarte Tierfed geschrieben) stammt aus jener Zeit, als der Glarner Freiberg als erstes Jagdbanngebiet Europas zum Reservat erklärt wurde. Das Schutzgebiet reichte bis nach Tierfehd. Von hier an durfte das Wild wieder gejagt – also befehdet – werden.

Keine Panik im Tunnel

Tierfehd erlangte touristische Bedeutung, als 1860 das Hotel «Tödi» als «Curanstalt» für Angehörige der gehobenen Stände eröffnet wurde. Heute ist das Hotel, unlängst stilvoll renoviert, Treffpunkt von Alpinisten und Bergwanderern. Gleich daneben brummen Tag und Nacht die Turbinen der Kraftwerkzentrale Tierfehd. Die meisten Anlagen sind unterirdisch und daher nicht sichtbar. Einzig das Ausgleichsbecken, die Transformatorenstation und die Talstation der Werkseilbahn bilden einen markanten Kontrast zum nostalgischen Bau der einstigen «Curanstalt». Beim Höherschweben mit der Kabine, die mehr als 1000 Meter Steigung überwindet, lässt sich gleich die Schwindelfreiheit testen – zusammen mit Trittsicherheit später die Voraussetzung für den Abstieg auf dem teilweise exponierten Pfad vom Muttsee über das Chalchtrittli zurück zur Bergstation.

Der Aufstieg beginnt, wie schon gesagt, mit einem 50-minütigen Marsch durch den Werkstollen zum Nordufer des Limmerensees. Im Tunnel sind noch Schienen sichtbar, denn hier verkehrten während der Bauzeit des Staudammes ausrangierte Zürcher Trams als Antriebswagen für die Zementtransporte. Zement brauchte es übrigens nicht nur für die Bogenmauer, sondern auch zum Abdichten von Klüften im Kalkfels, durch welche das gestaute Wasser sonst versickert wäre.

Der Marsch im Berg hinterlässt ein mulmiges Gefühl und verlangt etwas Vertrauen in die Zuverlässigkeit der Beleuchtung. Wer daran zweifelt, dass Betreiber von Elektrizitätswerken schliesslich professionell mit Strom umgehen können, packt halt für alle Fälle eine Taschenlampe in den Rucksack.

Schmelzende Firne speisen den Limmerensee

Dann steht man plötzlich am Ufer des 92 Millionen Kubikmeter Wasser fassenden Limmerensees, der die Schmelzwasser verschiedener Gletscher sammelt. Direkt ins drei Kilometer lange und maximal 700 Meter breite Becken entwässern Limmerenfirn und Griessfirn der Gebirgskette zwischen Bifertenstock und Selbsanft. Zudem wird der Stausee mit seiner Spiegelhöhe auf 1857 m ü. M. durch unterirdische Zuleitungen aus dem weiten Einzugsgebiet des Tödi-Clariden-Massivs im Westen von Claridenfirn, Sandfirn und Bifertenfirn gespeist. Im Osten ist der fast 600 Höhenmeter weiter oben liegende Muttsee angezapft, zu dem nun im Zickzack ein steiler, aber gut markierter Bergweg führt.

Auf einem Felsvorsprung über dem Muttsee thront die hübsche Muttseehütte des Schweizer Alpen-Clubs (SAC). Sie bietet Verpflegung und Nachtlager an (Tel. 055 643 32 12 zur Anmeldung für einen Schlafplatz). Der ovale Muttsee mit seinem grössten Durchmesser von einem Kilometer liegt auf 2446 m ü. M.;

er trägt bis weit in den Sommer hinein Eisschollen und ist von mehreren kleineren Schmelzwasserbecken umgeben. Bei schönem Wetter bringen diese Gewässer eine heitere Note in die karge, von düsteren Felsen geprägte Gebirgslandschaft an der Vegetationsgrenze. Bei schlechter Witterung hingegen wirkt die ganze Szenerie recht trostlos – doch dann sollte man ohnehin auf die Tour verzichten, denn der Abstieg vom Muttsee über die Schlüsselstelle des Chalchtrittlis zur Bergstation der Kraftwerkseilbahn auf 1860 m ü. M. ist nur bei guten Verhältnissen zu empfehlen. Wird man unterwegs von einem Wetterumsturz überrascht, wählt man für den Rückweg wieder die Route durch den Werkstollen.

Naturerlebnisse am Kistenpass

Die Muttseehütte liegt am Weg zum 2640 Meter hohen Kistenpass hinüber nach Breil/Brigels im Bündner Vorderrheintal. Dieser Übergang wurde früher häufig von Handelsleuten, Pilgern, Soldaten und Naturforschern begangen, verlor aber an Bedeutung, als in den Alpen Strassen- und Schienenverbindungen gebaut wurden. Heute ist der Kistenpass den Wandernden vorbehalten – und den bis zu 900 Schafen, die genau wie einst aus dem Bündnerland herüberkommen, um, von einem einzigen Hirten betreut, die Alpen auf Glarner Boden abzuweiden.

Fast wie aus dem Flugzeug: Tiefblick von der Gegend der Muttseehütte auf die Staumauer des Limmerensees.

Die vielen Schafe bei der Muttseehütte kamen aus dem Bündnerland über den Kistenpass.

Vor 200 Jahren streifte Placidus a Spescha, ein Pater aus dem Kloster Disentis, der sich mit Botanik und Geologie beschäftigte, am Kistenpass und in der Muttseeregion herum. In seinen Erinnerungen beschreibt er das zeitlos gültige Rezept für erlebnisreiche Berggänge: «Ich nahm Bedacht auf alle Gegenstände, die sich meinen Sinnen darstellten: auf das Gewild, wie es flog und flatterte, wie es weidete, sprang und pfiff; wie die Pflanzen aufkeimten und blühten; wie die Gletscher krachten; wie sich Steine und Felsen, das Eis und der Schnee losrissen und der Tiefe zueilten.»

Der Klöntalersee am Glärnisch

Gestaute Vorstufe zum Himmel

Route Rhodannenberg–Seedamm–Südufer des Klöntalersees–Schnäggenbüchel–Gessner-Denkmal–Bärentritt–Sträbezen–Wissen Brünnen–Plätz–Vorauen.

Anreise Mit den SBB von Zürich (□ 900) oder Rapperswil (□ 735) nach Ziegelbrücke. Von dort nach Glarus (□ 736) und weiter mit dem Postauto bis Klöntal, Rhodannenberg (□ 736.50).

Rückreise Von Vorauen mit dem Postauto zurück nach Glarus (□ 736.50).

Wanderzeit 2 Stunden ohne Höhenunterschiede.

Variante Von Plätz bei Vorauen südwärts bis Chlüstalden im Rossmattertal (1054 m ü. M.) wandern und an dessen Ostflanke auf schmalem Bergpfad nach Richisau hochsteigen, 2 Wanderstunden und 250 Meter Steigung zusätzlich. Von Richisau mit dem Postauto zurück nach Glarus (□ 736.50).

Karte Landeskarte der Schweiz 1:25 000, Blatt 1153 «Klöntal».

Gaststätten Rhodannenberg, Vorauen (bei Variante: Richisau).

Jahreszeit Anfang Juni bis zweite Hälfte Oktober (Postautokurse).

Einhellige Dichterbegeisterung

Wenige Bergseen sind mit solcher Inbrunst beschrieben worden wie der Klöntalersee im Kanton Glarus. Grund dafür ist neben seiner tatsächlich prächtigen Lage unter dem Steilabsturz des Glärnisch auch die leichte Erreichbarkeit am früher häufig begangenen Pragelpassweg zwischen Glarus und Schwyz. Weil die Pragelpassstrasse heute strengen Verkehrsbeschränkungen unterliegt, ist das Klöntal zur Sackgasse geworden. Vor allem an schönen Sommerwochenenden wird es allerdings fleissig durch Tagesausflügler besucht, und die Autostrasse am Nordufer ist dann stark befahren. Ruhig dagegen ist es auf dem Wanderweg längs des bewaldeten Südufers, d. h. auf unserer Route zwischen den beiden Postautohaltestellen Rhodannenberg und Vorauen.

Zum Einstimmen hier einige literarische Zeugnisse aus der Reiseliteratur vergangener Jahrhunderte. Der Heimatdichter Hans Trümpy beschrieb das Klöntal mit seinem stillen See als «Vorstufe zum Himmel» und glaubte, dass oben an den steilen Fluchten und tödlichen Hängen des Glärnisch die Welt aufhöre. Karl Gotthard Grass schilderte einen Abend am Ufer folgendermassen: «Die Sonne ging am hohen Pragel unter und streifte das Felsenthal am Ende des Sees, rötete die Felsen des Glärnisch, und ein grau violetter duftiger Schattenton versteckte alles Rauhe der furchtbaren Gebirgswände.» Sein Kollege Johann Gottfried Ebel schrieb vor ebenfalls 200 Jahren: «Nie werde ich dich vergessen, reizendes Alpenthal. Dieses Plätzchen wiegt die Seele in die süsseste Schwärmerey, wenn das wunderbar gefärbte Gemälde im See sich spiegelt und durch die hehre Stille die Glocken der Kühe und das Alphorn des Hirten aus ferner Höhe ertönen.» Fast nüchtern dagegen tönt es beim Dichter Carl Spitteler: «An einem wolkenlosen Herbsttag längs des Klöntalersees zu wandeln, halte ich für einen unvergleichlichen Genuss.»

Vorbildlicher Dammbau

Fünf Kilometer lang und einen knappen Kilometer breit ist der Klöntalersee, seit er 1904 durch einen Erddamm beim Rhodannenberg auf seine heutige Höhe aufgestaut wurde. Damit sicherten sich die Nordostschweizerischen Kraftwerke (NOK) schon früh die Nutzung der Wasserkraft aus dem Klöntal. Der diskret wirkende Damm hat sich seither nahtlos in die Gebirgslandschaft eingefügt und wirkt – anders als manche Betonsperren jüngerer Stauseen – nicht als Fremdkörper. Gleichzeitig mit dem Dammbau erwirkten die Kraftwerkbetreiber Schutzbestimmungen für den See und dessen Ufer. Vor 1904 war der See bloss halb so gross, seine Wasseroberfläche beschränkte sich auf den östlichen Teil. Der westliche Teil mit dem Delta des Klönbachs – von den Einheimischen Chlü genannt – war zumeist sumpfiges Gelände und wurde durch eine Sennerei bewirtschaf-

Idylle am Klöntalersee: Beim Bau des Staudammes wurde auf die Natur geachtet.

tet, die beim Aufstauen in den Fluten verschwand.

Der Wanderweg entlang dem Südufer ist problemlos. An einzelnen Stellen, wo die Felsen lotrecht ins Wasser tauchen, hat man die Passage mit fest angebrachten Seilen gesichert. Flachere Zonen laden, vor allem bei tiefem Wasserstand, zum Picknicken oder Baden. Holz zum Feuermachen liefert der dichte Auenwald, oft schwemmt die Strömung auch dürre Äste oder ganze Baumstämme an.

Bergsturz vom Dejenstock

Auf dem ersten Teil der Wanderung fällt der Blick übers Wasser zum 2021 Meter hohen Dejenstock über dem Nordufer,

von wo sich in vorgeschichtlicher Zeit ein Bergsturz gelöst hatte. Die Felsmassen erreichten beim heutigen Weiler Rhodannenberg den Talboden und stauten in der Folge das Wasser des Klönbachs. Der Klöntalersee ist also ein natürlich entstandener Stausee, dessen Spiegel später zur Elektrizitätsgewinnung um einige Meter künstlich erhöht wurde. Die mittlere Seehöhe liegt nun bei 848 m ü. M., die grösste Tiefe in der Nähe des Staudammes beträgt 50 Meter. Auf der zweistündigen Uferwanderung sind zwei Besonderheiten hervorzuheben. Das Gessner-Denkmal zwischen dem Geländevorsprung des Schnäggenbüchels und dem Steilabfall beim Bären-

Schroff stürzen die Kalkwände des Glärnischmassivs ins Wasser des Klöntalersees.

tritt erinnert an Salomon Gessner und dessen Naturschilderungen aus den Alpen – obwohl der Zürcher Dichter das Klöntal selbst gar nie besucht hatte. Der Dunggellauifall im gleichnamigen Tobel jenseits des Bärentritts gehört zu den eindrücklichsten Wasserfällen des Glarnerlandes, doch leider nicht das ganze Jahr: Bis im Frühsommer führt er das Schmelzwasser aus den Felswänden des Glärnischmassivs freigebig dem See entgegen, nach Trockenperioden im Herbst indes wird er zum Rinnsal oder stellt den Betrieb vorübergehend gar gänzlich ein.

Variante Rossmattertal

Von der Schwemmebene am Westufer des Sees wird die imposante Gebirgsbastion des Glärnisch nun besser sichtbar; zuvor stand man beim Blick in die Höhe zu dicht unter den bis zu 2000 Meter hohen Felsabstürzen. Wegen ihrer Steilheit und der nach Norden gerichteten Exposition ist die Glärnisch-Nordflanke, die im Ruchen und im Vrenelisgärtli auf über 2900 m ü. M. kulminiert, kaum bewirtschaftet. Die einzige Alp in der Flanke trägt sinnigerweise den Namen Schattalpli. Von safti-

gen Weiden bedeckt sind hingegen die Alp Hinter Klöntal westlich des Sees, die Geländeterrasse von Richisau 200 Meter weiter oben und das gegen Süden abzweigende Rossmattertal. Diese friedliche Ecke der Glarner Alpen blieb stets vom Getöse der Welt verschont – mit einer Ausnahme: Im Herbst 1799 zog der russische General Suworow vom Muotatal im Kanton Schwyz über den Pragelpass gegen Glarus. Im Gefecht vom Klöntal schlug er die sich ihm entgegenstellenden Franzosen, und seine Armee machte über 6000 Gefangene.

Weil die zweistündige Uferwanderung etwas gar kurz ist, schliessen wir eine ebenfalls rund zweistündige weitere Tour an. Sie führt von Plätz bei Vorauen auf einem Alpsträsschen ins Rossmattertal bis zum Chlüstalden, von dort in spitzem Winkel nach rechts und auf schmalem Bergpfad durch den Timmerwald zur Terrasse von Richisau. Beim Gasthaus «Vorder Richisau» befindet sich die Endstation des Klöntal-Postautos, das uns das Nordufer entlang zurück nach Glarus bringt und dabei einen prächtigen Blick über den Klöntalersee zum Glärnisch erlaubt.

Fast ein Fjord: der Walensee

Von Quinten hinauf nach Amden

Route Quinten–Grappen–Steinlaui–Platten–Seerenwald–Seeren–
Vorderbetlis–Hinterbetlis–Abstecher zur Ruine Stralegg–
Betlisbergwald–Langfad–Gadmen–Hofstetten–Amden.

Anreise Mit den SBB von Zürich via Ziegelbrücke (□ 900),
von Rapperswil via Ziegelbrücke (□ 735) oder von Sargans
(□ 900) nach Murg. Von dort mit dem Schiff über den
Walensee nach Quinten (□ 3901).

Rückreise Von Amden mit dem Autobus nach Ziegelbrücke
(□ 900.20) und von dort mit den SBB weiter nach Zürich
oder Sargans (□ 900) oder nach Rapperswil (□ 735).

Wanderzeit 4 Stunden mit 700 Meter Steigung und 200 Meter Gefälle.

Variante Von Hinterbetlis, statt nach Amden hochzusteigen, das
Ufersträsschen entlang nach Weesen wandern, 500 Meter
Steigung und etwa 1 Wanderstunde weniger. Vom Bahnhof Weesen mit dem Regionalzug der SBB nach Ziegelbrücke oder Sargans (□ 900).

Karte Landeskarte der Schweiz 1:25 000, Blatt 1134 «Walensee».

Gaststätten Quinten, Betlis, Amden (bei Variante Weesen).

Jahreszeit Frühling bis Spätherbst, Variante auch im Winter, sofern
kein Schnee liegt.

Verkehrswege am Walensee

Längst haben die Automobilisten vergessen, dass sie wegen der stundenlangen Staus, bevor die Autobahn fertig gestellt war, den Walensee einst eher als Qualensee erlebten. Denn am Südufer des 16 Kilometer langen und zwei Kilometer breiten Gewässers zwischen Weesen und Walenstadt bleibt nur wenig Raum für Strasse und Schiene. So diente denn während Jahrhunderten der Walensee selbst als beliebte und belebte Verkehrsader, weil man auf dem Wasser leichter vorankam als längs der steil abfallenden Ufer. Noch heute führt keine Strasse der Nordküste entlang, und Quinten ist als autofreies Ausflugsziel daher ein Geheimtipp für Ruhe Suchende. Hier, wo die Churfirsten fast 1600 Meter wie eine Wand in die Höhe steigen und kalte Winde fern halten, gedeihen im milden Seeklima Reben und sogar Feigen.

Wenn es aber bläst, ist es der warme Föhn, willkommen bei den Winzern, weil er hilft, dass die Trauben reifen, doch gefürchtet bei den Fischern auf dem See. Denn mit dem wilden Burschen ist nicht zu spassen: 1850 sank im Föhnsturm das Dampfschiff «Delphin» und riss dabei 13 Personen in den Tod. Wer heute mit dem ganzjährig verkehrenden Kursschiff von Murg nach Quinten quer über den Walensee setzt, braucht sich freilich nicht zu fürchten: Der rundum geschlossene Kahn ist wettertauglich.

Durchschnittstiefe 103 Meter

Die viertelstündige Fahrt mit Zwischenhalt in Quinten Au wenig östlich des Hauptdorfes führt über die tiefste Stelle im See. Ganze 151 Meter liegen hier nämlich zwischen dem Spiegel auf 419 m ü. M. und dem schlammigen Seegrund bei 268 m ü. M. Die durchschnittliche Tiefe des Gewässers, das zu vier Fünftel dem Kanton St. Gallen und zu einem Fünftel dem Kanton Glarus gehört, beträgt 103 Meter. Damit ist der Walensee nicht nur der tiefstgelegene, sondern auch der tiefste Bergsee der Schweiz. Weil zu beiden Seiten die Ketten der nördlichen Kalkalpen jäh in die Höhe steigen, erscheint er fast wie ein norwegischer Fjord – ein Eindruck, der sich während des Höhersteigens nach Amden noch verstärken wird.

Im Winter gibt das Wasser – zweieinhalb Kubikkilometer fasst das Becken, laut den Hydrologen – die während des Sommers gespeicherte Wärme wieder an die Umgebung ab, sodass der Walensee kaum je zufriert.

Klostergüter am Walensee

Die idyllisch-autofreie Lage von Quinten am Sonnenufer kennt auch ihre Schattenseiten: Als Dorf ohne Strassenanschluss leidet es an Abwanderung und hat seit dem 19. Jahrhundert zwei Drittel der Bevölkerung verloren. Wenn an trüben Tagen kaum Touristen kommen, kann das Leben unter den Felsbändern der Churfirstenkette schon recht einsam sein. Trost mag dann ein Glas Wein aus eigenen Trauben spenden.

Ebenso weltabgeschieden wirkt die Doppelsiedlung Betlis (Vorderbetlis und Hinterbetlis) fünf Kilometer weiter westlich. Weil die – zur Zementproduktion an mehreren Stellen abgebauten – Kalkfelsen senkrecht zum Wasser abfallen, muss der Wanderweg dorthin einen Umweg mit 200 Meter Steigung durch den Seerenwald nehmen. In Hinterbetlis lockt die Ruine der Burg Stralegg verwegene Jugendliche zu Kletterpartien. Die mittelalterliche Wehranlage steht auf Grundmauern eines römischen Wachtturms an der Verbindung von Turicum (Zürich) ins Rheintal. Die Ortsnamen der Dörfer Terzen, Quarten und Quinten gehen indes nicht auf römische Zeiten zurück, wie man lange glaubte, vielmehr handelt es sich um eine Zählung von Gütern des Klosters Pfäfers. Terzen war das dritte, Quarten das vierte und Quinten das fünfte Besitztum der Mönche hier am Walensee. Der Name Walensee bedeutet übrigens «See der Welschen», womit die ursprünglich an seinen Ufern siedelnden Rätoromanen gemeint waren.

Ein neues Bett für die Linth

600, 700, 800, 900 Meter über Meer – Schritt um Schritt weitet sich beim Aufstieg nach Amden das Panorama. Mehrmals durchquert der Wanderweg, meist nur ein Fusspfad, der zum Hintereinandergehen zwingt, Felsbänder, die sich am Rand der Mulde von Amden gegen den Seespiegel senken. Im Süden zeigen sich nun prominent die Glarner Alpen, aus denen die Linth ihr Wasser samt reichlich Geschiebe dem Walensee zuführt. Erst seit knapp 200 Jahren mündet der Fluss in diesen nordalpinen Randsee; zuvor hatte er in vielen Windungen direkt den oberen Zürichsee angesteuert und dabei das flache Land zwischen den beiden Seen immer wieder überschwemmt.

Welche Folgen diese Versumpfung für die Bevölkerung hatte, zeigt ein Bericht von 1808: «Eine öde Fläche, weder See noch Land, voll Modergeruch und Froschgeschrei. Weesen lag in einem Pfuhle von Morast. Die Anwohner sahen blass und kränklich aus, alterten früh und starben.» Bald darauf besserten sich zum Glück die Verhältnisse. Unter Leitung des Zürcher Ingenieurs Hans Conrad Escher (1767–1823) wurde für die Linth ein Kanal zum Walensee gegraben, sodass sich die gefürchteten Frühlingshochwasser in dieses natürliche Ausgleichsbecken ergiessen konnten. Ein zweiter Kanal, 1816 eröffnet, verbindet den Walensee mit dem Zürichsee und sorgt für die Weiterleitung der Wassermassen aus dem Glarnerland. Für sein Werk erhielt Escher, der auch als Naturforscher Grosses geleistet hatte, den Ehrennamen «von der Linth».

In Quinten, am sonnigen Ufer des Walensees, gedeihen unter den steilen Felswänden der Churfirsten die Reben.

Seealpsee, Fälensee und Sämtisersee

Drei blaue Augen im Säntisgebiet

Route Wasserauen–Gätteri–Seealpsee–Spitzigstein–Zapfen–Wald-
hütte–Wald–Gross Hütten–Chli Hütten–Aufstieg zur Bogartenlücke–Bogarten–Bollenwees am Fälensee–Leck–Geisser-
hüttli–Töbelihütte–Sämtisersee–Plattenbödeli–Brüeltobel–
Pfannenstil–Brülisau.

Anreise Mit den SBB nach Gossau oder St. Gallen (□ 850). Von
Gossau (□ 854) oder St. Gallen (□ 855) mit den Appenzeller Bahnen AB via Appenzell nach Wasserauen.

Rückreise Mit dem Postauto von Brülisau nach Weissbad (□ 854.30),
von dort mit den Appenzeller Bahnen AB nach Gossau
(□ 854) oder St. Gallen (□ 855).

Wanderzeit 6 Stunden mit 900 Meter Steigung und 850 Meter Gefälle.

Variante Rundwanderung Wasserauen–Gätteri–Seealpsee–Spitzig-
stein–Zapfen–Gross Hütten–Chli Hütten–Chatzensteig–
Wasserauen (3 Stunden mit je 300 Meter Steigung und
Gefälle).

Karte Landeskarte der Schweiz 1:25 000, Blatt 1115 «Säntis».

Gaststätten Wasserauen, Seealpsee, Bollenwees am Fälensee, Plattenbödeli über dem Sämtisersee, Brülisau.

Jahreszeit Sommer und Herbst (Variante auch im Frühling).

«Fröhlich dem Seealpsee zu»

Wer nach knapp einstündigem Aufstieg von Wasserauen im Berggasthaus «Seealpsee» unter dem Säntis eine erste Ruhepause einschaltet, fühlt sich durch den Sinnspruch an der Wirtshauswand in der Seelenstimmung bestätigt. Hier steht in holprigen, doch ehrlich empfundenen Reimen geschrieben:

Wenn das Treiben der Stadt
Dir die Freude vergällt
Deine Nerven zerrüttet
Verleidet die Welt
Dann zieh in die Berge
Geniess ihre Ruh
Und wandere fröhlich
Dem Seealpsee zu.

Der Seealpsee ist das erste Gewässer auf einer zwar langen und im Mittelteil recht anstrengenden, doch landschaftlich überaus reizvollen Wanderung durch den Alpstein, wie das Massiv um den Säntis im Kanton Appenzell Innerrhoden genannt wird. Kalkgestein prägt die ganze Region, die durch die drei Bergseen zweifellos an touristischer Attraktivität gewinnt. Zwei der drei Seen, nämlich Fälensee und Sämtisersee, weisen einen für das Karstgebiet typischen unterirdischen Abfluss auf. Den Seealpsee hingegen hat man schon 1905 für die Elektrizitätsgewinnung angezapft. Damals wurde er um einige Meter aufgestaut und seine Fläche von 12 auf 13 Hektar vergrössert. Aus durchschnittlich 288 Liter Wasser pro Sekunde und einem Höhenunterschied von 252 Metern erzeugt das Kraftwerk Seealpsee in Wasserauen jährlich gut drei Millionen Kilowattstunden Strom. Das kleine Kraftwerk, dessen heutiger Neubau leider nicht allzu gut ins Landschaftsbild passt, ist kurz nach Wanderbeginn das letzte Zeugnis der Zivilisation am Weg hinauf zum Seealpsee.

Der von Säntis (2501 m ü. M.) und Altmann (2435 m ü. M.) überragte Seealpsee liegt auf 1141 m ü. M. und lässt sich auf einem Pfad umrunden, der bei feuchtem Wetter allerdings wasserdichte Schuhe erfordert. Nichts aus der Nässe machen sich die Forellen im See, denen Patentfischer so eifrig nachstellen, dass immer wieder Nachschub aus einer Fischzuchtanstalt im Schaffhausischen vonnöten ist. Zwei Gasthäuser, «Seealpsee» und «Forelle», laden zu einer Stärkung vor der anstrengenden Etappe über die Bogartenlücke zum Fälensee.

Von Anfang Juni bis Ende August sömmert auf der Seealp das Braunvieh aus tieferen Lagen. Um Mitte August findet jeweils während dreier Tage das weiterum bekannte Seefest mit Appenzeller Volksmusik und Tanz statt: Handorgel, Klavier, Bassgeige. Wenn der See im Winter zufriert, wird er als Natureisbahn zum Schlittschuhlaufen freigegeben. Im Frühling ist das Ufergelände ein wahres Blumenparadies. Die Blütenpracht beginnt, wenn zwischen schmelzenden Schneefeldern Tausende von

Bis weit in den Frühling liegt am Seealpsee noch Schnee. Hinten der Säntis, links davor der Ostabsturz der Rossmad-Kette.

Märzenbechern mit ihren Köpfchen nicken. Im April und Mai folgt ein Kontrastprogramm in Gelb, bestritten durch leuchtende Sumpfdotterblumen.

«Rondomm», steil hinauf und hinunter

Der Weg «rondomm», rundherum um den Seealpsee, wie die Einheimischen sagen, führt am Spitzigstein vorbei, einem auffälligen Felsblock mit einer Gedenktafel für Friedrich von Tschudi, dessen «Tierleben der Alpenwelt» zu einem naturkundlichen Bestseller des 19. Jahrhunderts wurde. In Chli Hütten beginnt sodann der in seinem zweiten Teil recht steile Aufstieg zur Bogartenlücke. Auf der Landeskarte ist die von zwei markanten Felszacken überragte Bogartenlücke nicht mit Namen, sondern nur mit der Höhenkote angegeben: Die 1730 m ü. M sind zugleich die Kulmination unserer Drei-Seen-Wanderung. Wer sich oben schwitzend und schnaufend umschaut, hat das grüne Appenzellerland zu Füssen und blickt über den blassblauen Bodensee weit nach Süddeutschland hinein. Beim ebenso steilen Abstieg rückt dann der schmale Fälensee ins Blickfeld, den wir an seinem Ostende beim Restaurant «Bollenwees» erreichen. Der Name Bollenwees deutet auf eine Wiese hin, die mit Bergsturzblöcken – mundartlich Bollen – übersät ist. Zwischen ihnen findet Ende Juli die «Alpstobete» statt, ein Appenzeller Sennenfest mit Naturjodel und Talerschwingen. Letzteres ist die monotone Begleitung einzelner Appenzeller Musikstücke, hervorgerufen durch den in einer Schüssel kreisenden Fünfliber – für Nichtschweizer ein Fünffrankenstück.

Bollenwees am Fälensee

Der lang gestreckte Fälensee auf 1452 m ü. M., früher Fählensee geschrieben, wird hauptsächlich durch unterirdische Quellen gespeist. Sein unterirdischer Abfluss tritt, vereinigt mit dem ebenfalls unterirdischen Abfluss des Sämtisersees, erst im St. Galler Rheintal ob Sennwald ans Tageslicht und heisst dort Mülibachquelle. Diese Karstquelle liefert im Durchschnitt beachtliche 34 000 Liter Wasser pro Minute. Wie Färbversuche ergeben haben, dauert die Reise des Wassers vom Fälensee unter der Kalkkette zwischen den Kreuzbergen und dem Hohen Kasten hindurch bis zu 13 Tagen.

Das Gasthaus «Bollenwees» bietet, wie auch die nahe SAC-Hütte Hundstein über dem Nordufer des Fälensees, Verpflegung und Unterkunft. Legendär ist die knusprige Bollenwees-Rösti, die freilich in ständiger gastronomischer Konkurrenz mit der Rösti des Plattenbödeli-Restaurants über dem Sämtisersee steht.

Ausgetrocknet oder Hochwasser

Der Weg vom Fälensee zum Sämtisersee führt teilweise über Alpweiden, teilweise durch Wald und nimmt eine

Wie manche Bergseen ist auch der Sämtisersee im Alpstein ein Paradies für Angler.

gemütliche Stunde in Anspruch. Wer den Sämtisersee mehrmals zu verschiedenen Jahreszeiten aufsucht, wird sich über den stark schwankenden Wasserstand wundern. In trockenen Sommern kann die Seefläche derart schrumpfen, dass das Schluckloch am Seegrund sichtbar wird, wo das Wasser seine unterirdische Reise zur Sennwalder Mülibachquelle antritt. Führt hingegen im Frühling eine längere Föhnlage zu starker Schneeschmelze, tritt der Sämtisersee oft über die Ufer. So stieg sein Spiegel im Mai 1999 sieben Meter über den Normalpegel auf 1209 m ü. M. und setz-

te zum Missvergnügen der Forellenfischer den Zugangsweg unter Wasser. Damals trat auch der Fälensee über die Ufer und überflutete die angrenzende Fälenalp und ihre Ställe, sodass sich die Bestossung mit Vieh um sechs Wochen verzögerte. Am Ende der letzten Eiszeit lag der Spiegel des Sämtisersees übrigens noch wesentlich höher als heute, und sein Wasser floss beim Plattenbödeli oberirdisch durchs Brüeltobel ab. Durch dieses Tobel führt ein mit Fahrverbot belegtes Flursträsschen, auf dem wir zum Abschluss der Wanderung Richtung Brülisau hinunterstreben.

Panoramatour um den Ägerisee

Ein Tag in den Zuger Voralpen

Route Unterägeri–Südufer des Ägerisees via Bergmatt–Nas–
Neselen–Morgarten-Denkmal–Morgartenberg–Panorama-
wanderung über Tännlichrüz–St. Jost–Raten–Chlausen-
chappeli zum Gottschalkenberg–Abstieg über Muetegg–
Mangelichrüz–Haltenbüel-Mitteldorfer Berg nach Oberägeri.

Anreise Von Zug mit dem Autobus nach Unterägeri (☐ 660.35).

Rückreise Von Oberägeri mit dem Autobus nach Zug (☐ 660.35) oder
nach Sattel-Aegeri (☐ 670.10) und von dort mit der Süd-
ostbahn SOB nach Arth-Goldau (☐ 670).

Wanderzeit 6 Stunden mit je 500 Meter Steigung und Gefälle.

Variante Von Raten mit dem Autobus nach Oberägeri (☐ 660.40),
$1\frac{1}{2}$ Wanderstunden und 400 Meter Gefälle weniger.

Karten Landeskarte der Schweiz 1:25 000, Blätter 1131 «Zug»,
1132 «Einsiedeln» und (nicht unbedingt nötig, da der
kurze Uferabschnitt problemlos ist) 1152 «Ibergeregg».

Gaststätten Unterägeri, Morgarten, Gottschalkenberg, Oberägeri.

Jahreszeit Frühling bis Spätherbst; im Sommer Bademöglichkeit
(schönes Strandbad in Oberägeri).

Uferstrecke zum Einlaufen

Von allen Zentralschweizer Kantonen ist Zug am wenigsten gebirgig, einzig im Süden rund um den Ägerisee reicht er in die Voralpen. In dem wie ein Orangenschnitt geformten Gewässer spiegelt sich die Kette von Chaiserstock–Wildspitz–Rossberg und, über dem Nordufer den Alpenrand markierend, jene von Morgartenberg–Gottschalkenberg. Unsere Rundwanderung – ganz vollständig ist sie nicht, da wir uns zum Schluss das kurze Strassenstück zwischen Oberägeri und Unterägeri gerne schenken – lässt uns dieses Bijou von einem Bergsee von allen Seiten erleben. Das erste, völlig flache Teilstück von Unterägeri das Südufer entlang nach Morgarten dient zum Einlaufen und rückt jenseits des blauen, sauberen und im Sommer angenehm warmen Wassers die zu einem guten Teil bewaldeten Höhen ins Blickfeld, über die dann am Nachmittag unsere Panoramaroute verläuft.

Der 15. November 1315

Zuerst durch offenes Gelände, dann durch dichten Bergwald, schliesslich wieder über freies Feld, aber fast immer dicht am Wasser entlang – so präsentiert sich die Uferstrecke, auf der sich unterwegs viele reizvolle Rastplätzchen für ein erstes Picknick finden. Am sumpfigen Südende des Sees liegt das Schlachtfeld von Morgarten, wo am 15. November 1315 die Innerschweizer Bauern ihren ersten Sieg über ein bisher für unschlagbar gehaltenes Ritterheer errangen. Nach einem Überraschungsangriff der Eidgenossen im nahen Engpass, wo heute die Schlachtkapelle steht, wichen die habsburgisch-österreichischen Krieger in Panik zurück. Viele wurden, durch ihre Rüstung behindert, auf der Flucht erschlagen, versanken im Sumpf oder ertranken im See. Während die Eidgenossen nur wenige Tote zu beklagen hatten, verloren ihre Feinde um die 2000 Mann.

In der Nähe des Denkmals beginnt der Aufstieg zum Morgartenberg. Der Name Morgarten weist auf ein ursprünglich wenig fruchtbares, doch mit viel Fleiss kultiviertes Stück Land hin. Tatsächlich ist der Untergrund stellenweise recht felsig, und unter der dünnen Humusschicht zeigt sich vor allem in Bachbetten die harte Nagelfluh der Alpenrandregion.

Der letzte Einsiedler von St. Jost

Über den Morgartenberg verläuft die Kantonsgrenze zwischen Zug und Schwyz. Wir bleiben auf Zuger Gebiet, überschreiten bald die 1000-Meter-Höhenlinie und geniessen den Tiefblick auf den Ägerisee, dessen Spiegel bei 724 m ü. M. liegt. Die Verbindung des fünfeinhalb Kilometer langen, zwei Kilometer breiten und bis zu 83 Meter tiefen Gewässers mit bewaldeten Bergen und Hügeln sorgt für ein ideales Kurklima, und so entstanden hier während des 19. Jahrhunderts denn auch mehrere Sanatorien

Nach der Wanderung auf den Höhen über dem Ägerisee lockt das Strandbad von
Oberägeri.

für Blutarme und Brustleidende. Mit Letzterem war die Lungenschwindsucht oder Tuberkulose gemeint, eine damals zu Recht gefürchtete, weil oft tödlich verlaufende Krankheit, die inzwischen in der Schweiz aber ihren Schrecken verloren hat.

Bei St. Jost steht eine hübsche Kapelle, wo noch bis 1880 ein Einsiedler hauste und von wo man eine unvergleichliche Aussicht auf See und Berge geniesst. Auch hier gab es einst Kriegshandlungen mit fremden Mächten. Im Gefecht von St. Jost am 2. Mai 1798 warf der Landsturm aus Schwyz die französischen Besatzungstruppen bis nach Oberägeri zurück, doch konnte dies den Untergang der Alten Eidgenossenschaft nicht aufhalten.

Baden, Tafelfreuden oder Schifffahrt

Von der 1350 erstmals erwähnten Kapelle, wo eine alte Pilgerroute nach Einsiedeln unseren Weg kreuzt, zieht sich unsere Panoramaroute nun weiter zum Gottschalkenberg und erreicht auf der Muetegg bei 1210 m ü. M. ihren Höhepunkt – fast 500 Meter über dem Ägerisee. Um diese Höhendifferenz gilt es anschliessend auf südexponiertem Hang abzusteigen, am Wanderziel locken dann als Abkühlung die Wellen des Strandbades von Oberägeri.

Auch wer sich die Badefreuden versagt, kommt auf die Rechnung, denn die zahlreichen Uferrestaurants bieten allerhand kulinarische Köstlichkeiten aus dem fischreichen See. Und wer die Wanderung um und über dem Ägerisee mit einer Schifffahrt abschliessen möchte – bereits 1890 verkehrte hier ein kleiner Dampfer –, kann Unterägeri statt mit dem Autobus mit dem Kursschiff ansteuern. Auf der 70-minütigen Fahrt können wir gemütlich nochmals die zurückgelegte Wanderung Revue passieren lassen, denn das Schiff fährt zuerst dem Nordufer entlang ostwärts nach Morgarten und erst dann quer über den ganzen See nach Unterägeri am Westende, wo unsere Wanderung ihren Anfang nahm und die Lorze als munteres Flüsschen ihren Lauf Richtung Zu-

Kursschiff auf dem Ägerisee.

gersee beginnt. Die fahrplanmässigen Kurse auf dem Ägerisee sind aber auf die Zeit von Mitte April bis Mitte Oktober beschränkt, wobei in der Vor- und Nachsaison nur sonntags und feiertags gefahren wird (□ 3661).

Idylle am Arnisee

Kontrastprogramm zum Urner Reusstal

Route Autobushaltestelle Gurtnellen Wiler, Gotthardstrasse–Gurtnellen–Halten–Richligen–Ruepelingen–Schipfenberg–Breit-
moos–Holz–Schwanden–Rinderstafel–Heissigegg–Diessen-
brunnen–Hinter Arni–Arnisee.

Anreise Mit der SBB-Gotthardlinie nach Erstfeld oder Göschenen
(□ 600). Von dort mit dem Autobus zur Haltestelle Gurtnellen Wiler, Gotthardstrasse (□ 600.32).

Rückreise Vom Südufer des Arnisees Talfahrt mit der Luftseilbahn
nach Intschi (□ 2599) und von dort mit dem Autobus nach
Erstfeld oder Göschenen (□ 600.32).

Wanderzeit 3–4 Stunden mit 550 Meter Steigung.

Variante Vom Arnisee statt mit der Luftseilbahn zu Fuss nach
Intschi, 1½ Wanderstunden und 700 Meter Gefälle
zusätzlich.

Karte Landeskarte der Schweiz 1:25 000, Blatt 1212 «Amsteg».

Gaststätten Wiler, Gurtnellen, Arnisee, Intschi.

Jahreszeit Mai bis Oktober.

Auf der Strasse nach Gurtnellen

Es gibt zweifellos schönere Orte, um eine Bergseenwanderung zu beginnen als gerade Wiler im Urner Reusstal. Doch auf diese Weise wirkt der Kontrast zur Idylle des Arnisees umso stärker. Bei Wiler nehmen Autobahn, Eisenbahn und Gotthardstrasse sowie die Reuss fast jeden Quadratmeter des schmalen Talbodens zwischen hoch aufragenden Felswänden in Beschlag, sodass sich die Siedlung fast etwas verschämt an den Rand des Abhanges drückt. Wenig Raum, aber viel Lärm: Lastwagenkolonnen brummen dem Tunnel in Göschenen entgegen, Güterzüge holpern langsam, aber in rascher Folge über die Rampe, auf der Gotthardstrasse dröhnen Motorräder, da man hier Kurvenfahren geniessen kann. Allein im Bett der Reuss bleibts ruhig, denn weil fast alles Wasser zur Elektrizitätsproduktion abgeleitet ist, schlängelt sich bloss ein Rinnsal zwischen riesenhaften Steinblöcken dem Vierwaldstättersee entgegen.

Der rege Schienenverkehr auf der Gotthardlinie machte es nötig, die lokale Verbindung im Reusstal zwischen Erstfeld und Göschenen auf die Strasse zu verlegen. So bleibt nun der Bahnhof Gurtnellen verwaist, und die Autobusse halten bei einem Schild mit der seltsamen Aufschrift «Gurtnellen Wiler, Gotthardstrasse». Seltsam deshalb, weil Gurtnellen selbst gar nicht unten im Tal liegt, sondern ein ordentliches Stück weiter oben an der Sonnenflanke. Es gibt übrigens eine Kleinbusverbindung hinauf (□ 600.39), doch sind die acht täglichen Kurse eher auf die Bedürfnisse der Bevölkerung als auf jene der Wanderer abgestimmt, sodass wir die halbe Stunde auf nur schwach befahrenem Strässchen zu Fuss gehen.

Zürcher Kirchenbesitz im Urnerland

Das Dorf Gurtnellen liegt auf 928 m ü. M., knapp 200 Meter höher als Wiler und damit bereits in einer anderen Welt. Hier gibt es Weite statt Enge, Grün statt Grau, Ruhe statt Radau. Die Kernsiedlung besteht nur aus wenigen Gebäuden, darunter Kirche, Gasthaus und Schule. Weit verstreut in Weiler und Einzelhöfen verteilt sich der Rest der Gemeinde über die zum Arnisee hinaufführende Bergflanke mit südlicher bis südöstlicher Exposition. Der Name Gurtnellen leitet sich vom lateinischen «cortinella» her, denn im Mittelalter besass das Zürcher Fraumünster hier einen Meierhof.

Arni hingegen ist altdeutschen Ursprungs und bedeutet «die Erde bebauen» (arnen). Tatsächlich ist das Gelände trotz seiner Steilheit hier fruchtbarer als an manch anderen Orten im Urnerland, wo die Bergbauern auf kleinen Flecken dem steinigen Boden eine Existenz abringen. Doch trotz verhältnismässig günstigen Bedingungen hat die Landwirtschaft auch in Gurtnellen – mit zehn Kühen ist man hier fast schon Grossbauer – einen schweren Stand.

Der Arnisee ob Gurtnellen zählt zu den schönsten Seen im Urnerland.

Ohne Zuschüsse müssten die meisten Familien wegziehen und alles Land, das ihre Vorfahren mit viel Mühe gerodet haben, wieder dem wachsenden Wald überlassen.

Blick ins Fellital und Maderanertal

Beim Höhersteigen durch gepflegtes Wiesland – der einst rege betriebene Ackerbau ist stark zurückgegangen – von Hof zu Hof, von Häusergruppe zu

Häusergruppe fällt der Blick über das tief ins Granitgebirge eingeschnittene Reusstal. Gleich gegenüber im Süden öffnet sich das wilde Fellital, wenig später dann nach Osten das lieblichere Maderanertal. Dazwischen erhebt sich der 3072 Meter hohe Bristen, einer der Innerschweizer Charakterberge. Beide Täler sind reich an Bergkristallen, unterscheiden sich aber in ihrer Siedlungsstruktur.

Das unter Landschaftsschutz stehende Fellital hat keine Dauerwohnstätten, die einzigen Gebäude sind Alphütten sowie die Treschhütte SAC auf dem Weg über die Fellilücke zum Oberalppass. Das Maderanertal hingegen ist ein Kerngebiet des Urner Bergbauerntums und kennt seiner Naturschönheiten wegen auch einen sanften Tourismus. Hauptanziehungspunkt ist auf seiner Terrasse der Golzerensee bei 1409 m ü. M. – der Zwilling des Arnisees, der nun bei jedem Schritt näher rückt. Doch im Unterschied zum natürlich entstandenen Golzerensee ist der fast kreisrunde Arnisee mit seinen 300 Meter Durchmesser ein künstlich aufgestautes und zur Stromgewinnung genutztes Gewässer. Es liegt auf 1368 m ü. M. auf einer Geländeschulter und schickt seinen Inhalt über eine anfänglich unterirdische, dann aber offen sichtbare Druckleitung hinunter ins Kraftwerk von Amsteg. Auch bei vergleichsweise bescheidener Wasserführung, denn das Einzugsgebiet des Arnisees ist beschränkt, erzeugen die 850 Meter Gefälle auf anderthalb Kilometern ziemlich viel Energie.

Ungetrübte Idylle am Arnisee

Weil es zum Aufstau keine wuchtige Mauer brauchte, stören die technischen Anlagen des Arnisees das Landschaftsbild kaum, und so wirkt denn dieser Bergsee ganz und gar idyllisch. Für eine gemächliche Umrundung auf dem Uferweg brauchen wir keine halbe Stunde, mit Bestaunen der sich im Wasser spiegelnden Wolken vielleicht eine ganze. Die meisten Touristen kommen übrigens mit der Luftseilbahn von Intschi an der Gotthardstrasse hier herauf. Diese Bahn mit kantonaler Konzession bringt auch uns nun in sechsminütiger Schwebefahrt wieder ins Reusstal hinunter.

Wer die 700 Meter Höhenunterschied abwärts bis zur Autobushaltestelle bei Intschi zu Fuss bewältigen möchte, muss mit weiteren anderthalb Wanderstunden rechnen. Der Abstieg führt auf meist schmalem Pfad und recht steil durch Bergwald, der immer wieder von landwirtschaftlich genutzten Lichtungen unterbrochen wird. Der Vorteil dieses Abstiegs gegenüber dem Aufstieg von Wiler über Gurtnellen zum Arnisee: Er liegt grösstenteils im Schatten, was man vor allem im Hochsommer schätzen dürfte.

Rundwanderung um den Göscheneralpsee

Versunkenes Dorf am Fuss des Dammagletschers

Route Postauto-Endstation Göscheneralp–Staudamm des Göscheneralpsees–Älpergen–Planggen–Dammareuss–Egg–Stein-
chelen–Moos–Chelenalptal Pkt. 1813–Berg–Göscheneralp.

Anreise Mit der SBB-Gotthardlinie nach Göschenen (□ 600), von
dort mit dem Postauto zur Göscheneralp (□ 600.45).

Rückreise Wie Anreise.

Wanderzeit 4 Stunden mit je 400 Meter Steigung und Gefälle.

Variante Rundwanderung in umgekehrter Richtung.

Karte Landeskarte der Schweiz 1:25 000, Blatt 1231 «Urseren».

Gaststätte Göscheneralp (mit Übernachtungsmöglichkeit).

Jahreszeit Ende Juni bis Ende September (Fahrplan des Postautos).

Das gerettete Glöcklein

Am Rand des Parkplatzes auf der Göscheneralp steht einsam und verloren ein Glöcklein. «Heiliger Josef, beschütze uns», heisst es neben der Jahrzahl 1908. Der Schutz des im Urnerland hoch geschätzten Heiligen dauerte bis 1962. Dann versank die Kapelle, wo das Glöcklein zur Betzeit gerufen hatte, samt der Siedlung Hinteralp im aufgestauten Göscheneralpsee. Während die Einheimischen zusehen mussten, wie die Fluten Haus und Boden verschlangen, und sich weiter unten im Tal, im Gwüest, neu ansiedelten, hatten auch die Touristen Realersatz bekommen: An Stelle des ebenfalls untergegangenen Berggasthauses «Dammagletscher» steht seither beim Staudamm ein neues Hotel dieses Namens. Hier befindet sich auch die Postautohaltestelle der saisonalen Linie ab Göschenen, gleichzeitig Ausgangs- und Endpunkt der etwa vierstündigen Seeumrundung.

Dabei unternehmen die meisten Wanderer die Tour im Gegenuhrzeigersinn, d. h., nach der Panoramastrecke über dem Nordufer steigen sie gegen das Chelenalptal ab, wenden sich dort mit scharfem Knick zur Dammareuss, biegen bei der Brücke nochmals ab und wandern über dem Südufer dem Stau-

Göscheneralpsee mit Dammagletscher am frühen Morgen: Welch ein Panorama beim Angeln!

damm entgegen. Wenn wir hier die umgekehrte Richtung wählen, hat das seinen guten Grund, denn bei unserer Wanderung in der Abfolge Staudamm-Südufer-Dammareuss-Chelenaptal-Nordufer haben wir den dominierenden Dammagletscher länger und und schöner im Blickfeld.

Gleitschirmflieger und Forellenfischer

Das von Schrunden durchzogene Eisfeld des Dammagletschers wird durch die Gebirgskette Gletscherhorn–Tiefenstock–Rhonestock–Dammastock (mit 3630 m ü. M. höchster Gipfel der Gegend) – Schneestock überragt und liefert mit seinem Schmelzwasser jedes Jahr einen wesentlichen Anteil zur Füllung des Göscheneralpsees. 75 Millionen Kubikmeter Wasser fasst der knapp zweieinhalb Kilometer lange und maximal 700 Meter breite Stausee. Er liefert Strom für die Gotthardlinie der SBB; das Kraftwerk nutzt ein Gefälle von rund 700 Metern und befindet sich in Göschenen.

Neben den Oberflächengewässern Dammareuss und Chelenreuss sorgen unterirdische Zuleitungen aus dem Furkagebiet im Südwesten und dem Voralptal im Nordosten dafür, dass sich das Seebecken im Laufe des Sommers bis zum Stauziel bei 1792 m ü. M. füllt. Der nach sieben Jahren Bauzeit fertig gestellte Staudamm ist 540 Meter lang und 155 Meter hoch; mehr als neun Millionen Kubikmeter Material geben dem Bauwerk aus Naturstein die nötige Stabilität. Wer zu Beginn der Rundwanderung die Mauerkrone überquert, geniesst schon hier einen der schönsten Ausblicke über den stillen Wasserspiegel zu den vergletscherten Granitbergen um den Dammastock.

Während Gleitschirm-Akrobaten auf der Mauerkrone günstigen Wind zum Abheben erwarten, hoffen Fischer auf den Steinblöcken des Dammes darauf, dass die ausgesetzten Regenbogenforellen anbeissen. Für 25 Franken kann man im nahen Berggasthaus ein Tagespatent lösen. Im Winter ist das Gewässer zugefroren, ein Schild warnt vor dem Betreten: «Die Eisdecke des Stausees kann jederzeit einbrechen.» Im Übrigen ist das Göscheneralptal im Winter wegen Lawinengefahr ohnehin oft wochenlang von der Umwelt abgeschlossen, und die Familien Mattli im Gwüest sind dann auf sich selbst gestellt.

Schafherden zwischen Heidelbeersträuchern

Selbst im Sommer wäre das Baden im Göscheneralpsee kaum zu empfehlen, und wer zur Seeumrundung aufbricht, begibt sich nicht auf einen Nachmittagsbummel, sondern tritt eine Bergwanderung mit etwa vier Stunden reiner Marschzeit an. Der schmale, doch kaum je exponierte Pfad folgt nicht dem Ufer, sondern steigt zu beiden Seiten des Sees je 400 Meter in die Höhe. Einzig beim

Die Rundwanderung um den Göscheneralpsee verläuft über der Waldgrenze, Schatten ist also rar.

Wendepunkt am westlichen Ende des Sees, wo die Chelenreuss einmündet, nähert sich der Weg dem Wasser.

Die Route verläuft auf ihrer ganzen Länge über der Waldgrenze und ist daher ohne Schatten – es sei denn, die Sonne versinke hinter den hohen Bergen am Horizont, was im Herbst schon recht früh geschehen kann. Im Sommer wird es zwischen den aufgeheizten Granitfelsen um die Mittagszeit recht heiss, später sorgt dann häufig der talaufwärts wehende Schönwetterwind für willkommene Abkühlung.

Weil der Stausee das beste Weideland im Talboden überflutet hat, ist die alpwirtschaftliche Nutzung auf der Göscheneralp heute eingeschränkt. Schafherden, deren Glöcklein hell durch die Gebirgsluft klingen, bewegen sich gemächlich zwischen Erlenstauden, Alpenrosenfeldern, Heidelbeer- und Preiselbeerbüschen an den Hängen hoch über dem Wasser. Diese Zwergstrauchheiden sind eine botanische Spezialität der Göscheneralp und Folge des rauen Klimas: Der oft abrupte Wechsel von Temperatur und Lichtverhältnissen hemmt den Längenwuchs der Sträucher. Stellenweise reicht diese Pflanzengesellschaft bis an den Rand des Dammagletschers bei 2100 m ü. M. Hier im Zungenbereich präsentiert sich der Eisstrom freilich nicht in blitzendem Weiss oder schimmerndem Blau, sondern trägt ein graues Kleid aus Steinblöcken: einen Teil jener Endmoräne, die er beim Zurückschmelzen im Tal der Dammareuss so lehrbuchhaft hat liegen lassen.

Flachmoore und Hochmoore

Wo der Seerundweg die Dammareuss überquert, zweigt ein Bergpfad zur Dammahütte SAC auf 2439 m ü. M. ab. Eine weitere alpine Route führt vom Südufer über die Lochberglücke zur Albert-Heim-Hütte SAC (2543 m ü. M.) im Furkagebiet. Eine dritte Unterkunft des Alpen-Clubs liegt hoch über dem Nordufer des Göscheneralpsees am Rand eines natürlichen Seebeckens: die Bergseehütte bei 2370 m ü. M. Und auch hinten im Chelenalptal gibt es eine SAC-Hütte, die Chelenalphütte auf 2350 m ü. M.

Der letzte Wegabschnitt, bevor wir wieder den Staudamm erreichen, führt durch eine idyllische Moorlandschaft. Häufiger Wechsel von Flach- und Hochmoorbereichen sorgt für eine in dieser Höhenlage sonst seltene Vegetationsvielfalt. Das unter Naturschutz stehende Biotop geniesst nicht nur nationale, sondern auch europäische Bedeutung, und die sensible Flora ist dankbar, wenn wir sie schonend durchqueren.

Engstlensee, Tannensee, Melchsee

Drei Bergseen in drei Stunden

Route Engstlenalp–Abstecher Engstlensee–Engstlenalp–Tannalp–Südufer des Tannensees–Distelboden–Südufer des Melchsees–Bergstation Frutt der Gondelbahn.

Anreise Mit der Brünigbahn von Interlaken Ost oder Luzern nach Meiringen (□ 470). Von dort mit dem Postauto auf die Engstlenalp (□ 470.80).

Rückreise Von Melchsee-Frutt mit der Gondelbahn hinunter zur Stöckalp (□ 2525). Von dort mit dem Postauto nach Sarnen (□ 470.25) und weiter mit der Brünigbahn nach Luzern (□ 470).

Wanderzeit 3–4 Stunden mit 150 Meter Steigung und 100 Meter Gefälle.

Variante Von der Tannalp über den Felsenweg unter dem Grat des Bonistocks zur Frutt (schöner Tiefblick auf Tannensee und Melchsee), ½ Wanderstunde mit je 150 Meter Steigung und Gefälle zusätzlich.

Karte Landeskarte der Schweiz 1:25 000, Blatt 1210 «Innertkirchen».

Gaststätten Engstlenalp, Tannalp, Distelboden, Frutt.

Jahreszeit Mitte Juni bis zweite Hälfte Oktober.

Forellen aus dem Engstlensee

Wer eine leichte Bergseentour ohne grosse Höhenunterschiede sucht, ist mit der Wanderung von der Engstlenalp im Berner Oberland nach Melchsee-Frutt im Kanton Obwalden gut bedient. Unterwegs lassen sich in einem knappen halben Tag drei etwa gleich grosse, rund einen Kilometer lange und einen halben Kilometer breite Seen besuchen. Alle drei Gewässer sind natürlichen Ursprungs, doch wurde der Wasserspiegel von Tannensee und Melchsee für die Stromgewinnung durch Aufstauen erhöht. Im Sommer werden alle drei Seen warm genug zum Baden, überdies sind sie reich an Fischen, wobei der Engstlensee als Pionierstätte der Schweizer Bergfischerei gilt: Hier setzte der Besitzer des Engstlenalp-Hotels schon vor hundert Jahren kanadische Seeforellen aus, damit seine vornehmen Gäste dem Angelsport frönen konnten. Er liess den Laich aus Kanada kommen, in Meiringen ausbrüten und transportierte die Jungfische in Weinfässern zum 1850 Meter hoch gelegenen See hinauf. Wie Fotos im Speisesaal des Hotels zeigen, wurden Prachtsforellen bis zu 18 Kilogramm aus dem kristallklaren Wasser gezogen.

Damals, an der Wende vom 19. zum 20. Jahrhundert, war die Engstlenalp

Lohnende Variante für Trittsichere: Felsenweg unter dem Grat des Bonistocks.

(nicht zu verwechseln mit der Engstligenalp im Tal von Adelboden) ein auch beim ausländischen Publikum beliebter Luftkurort. Heute ziehen Alp und See im oberen Gental am Fuss des 2207 Meter hohen Jochpasses, der hinüber nach Engelberg führt, vor allem Wanderer und Bergsteiger an. Für Kletterer gibt es die Wendenstöcke im Süden und das vergletscherte Titlis-Massiv im Osten, während die beliebteste Wanderroute zur Tannalp und weiter den Tannensee und den Melchsee entlang zur Obwaldner Feriensiedlung Melchsee-Frutt führt. Ihr folgt auch unsere heutige Tour.

Durch Bergwerk zerstörter Bergwald

Nach einem kurzen Aufstieg zum Kamm, der sich von der Erzegg nach Nordosten zieht, erreichen wir die Grenze zum Kanton Obwalden. Während die Engstlenalp von teils dichtem, teils lichtem Nadelwald mit schönen Arvenbeständen eingerahmt ist, präsentiert sich die Umgebung von Tannensee und Melchsee völlig baumfrei. Der Grund dafür liegt auf der erwähnten Erzegg: Dort, im damals höchstgelegenen Bergwerk Europas, wurde seit dem Mittelalter das begehrte Eisenerz abgebaut und verarbeitet. Dabei verbrauchten die Schmelzöfen im Laufe von zweieinhalb Jahrhunderten derart viel Brennmaterial, dass die einst mit ausgedehnten Waldungen bestandene Hochebene vollständig abgeholzt wurde. Spätere Versuche zur Wiederaufforstung schlugen fehl, denn das Klima nahe der Baumgrenze ist rau und der Boden karg. Doch der Kahlschlag hat auch eine positive Seite: So entstand Raum für eine blühende Alpwirtschaft und für den winterlichen Skisport.

Interessanterweise gehörte die Tannalp, obwohl nördlich der Wasserscheide gelegen, im Mittelalter den Berner Oberländern aus dem Haslital. Im Jahr 1486 verkauften sie das Gelände für 785 Gulden den Kirchgenossen von Kerns bei Sarnen. Der Alpaufzug, an einigen Orten noch immer etwas Spezielles, geschieht heute auf der Tannalp bar jeder Folklore und ohne Glockengeläut: In Lastwagen werden die Kühe gegen Mitte Juli herangebracht und nach sieben Wochen auf der schattenlosen Weide auf gleiche Weise wieder talwärts transportiert.

Rohstoffe Eisen und Wasser

Ohne Romantik ist auch das geteerte Alpsträsschen zwischen Tannalp und der Frutt. So lohnt es sich, dieses zu verlassen und stattdessen die Fusswege am Südufer von Tannensee und Melchsee zu benutzen. Unterwegs fallen bräunlich verwitternde Schiefer mit rostroten Einschlüssen auf – offensichtlich eisenhaltiges Gestein. Es gehört der so genannten Erzegg-Formation an, die zwei Kilometer weiter südlich abbauwürdige Vorkommen von Eisenerz enthält. Auf der Obwaldner Seite der grenzüberschreitenden Lagerstätte standen die

Der Melchsee liegt wie auch der Tannensee in einer Landschaft ohne Bäume. Hart am Wasser die Kapelle «Maria vom Guten Rat», ein regionaler Wallfahrtsort.

Abbaustellen zwischen 1426 und 1689 in Betrieb, während die Berner mit der Eisengewinnung schon 1415 begonnen hatten und sie bis ins 19. Jahrhundert fortsetzten. In den Religionskriegen nach der Reformation kam diesem Bergbau strategische Bedeutung zu: Die nunmehr verfeindeten Eidgenossen konnten sich mit Kugeln aus der jeweils eigenen Produktion beschiessen.

Noch stecken nach Ansicht der Geologen bedeutende Mengen Eisenerz im Gebirge, doch lohnt sich die Ausbeutung bei der weitaus günstigeren Konkurrenz aus dem Ausland mitnichten. Wirtschaftlich ist hingegen die heimische Wasserkraft: 1956/57 wurden sowohl Tannensee wie Melchsee durch Staumauern für die Stromgewinnung nutzbar gemacht. Der Tannensee war damals am Verlanden und bloss noch eine grössere Pfütze; die 600 Meter lange Mauer an seinem westlichen Ende, die sich gut in die Landschaft einfügt, erwies sich als Rettung für diesen Bergsee. Vom 1976 Meter hoch gelegenen Tannensee fliesst das Wasser durch den Tannenbach in den zwei Kilometer westlich gelegenen Melchsee mit einer Spiegelhöhe von 1891 Metern. Vor dessen Aufstau befand sich am Nordufer, wo die nur 300 Meter lange Sperrmauer steht, ein Versickerungstrichter, das Stäubiloch. Es diente als natürlicher Überlauf und führte das Wasser durch klüftigen Kalk auf seine unterirdische Reise. Heute leitet ein unterirdischer Stollen das Wasser zu den Turbinen des Kraftwerks Hugschwendi auf der Stöckalp.

In Sänften zum Melchsee

Nahezu 900 Höhenmeter trennen die Frutt von der Stöckalp tief unten im Felsenkessel des Grossen Melchtals; sie lassen sich heute bequem mit der Gondelbahn zurücklegen. Die inzwischen modernisierte Anlage besteht seit 1936 und war damals mit 3500 Metern die längste ihrer Art in ganz Europa. Wer nach der nur drei- bis (gemütlich gerechnet) vierstündigen Wanderung von der Engstlenalp nach Melchsee-Frutt noch Zeit hat und sich fit fühlt, kann den Abstieg im Zickzack auf dem alten Saumpfad in Angriff nehmen. Hier wurden in den Anfangszeiten des Fremdenverkehrs im 19. Jahrhundert reiche Kurgäste – man nannte sie Kuranten – in Sänften zum Melchsee hinaufgetragen, wo sie Molke und die frische Gebirgsluft genossen.

Lungerersee und Sarnersee

Ein Berg- und ein Talsee am Alpennordrand

Route Lungern–Obsee–Diesselbach–Turnacher–Schwendi–Enet-
matt–Bürglen–Aaried–Rudenz–Dreiwässerkanal–Brand–
Mätteli–Oberwilen Forst.

Anreise Mit der Brünigbahn von Luzern oder Interlaken Ost nach
Lungern (□ 470).

Rückreise Von Oberwilen Forst mit dem Postauto nach Sarnen
(□ 470.35) und von dort mit der Brünigbahn nach Luzern
oder Interlaken Ost (□ 470).

Wanderzeit 4 Stunden mit 250 Meter Gefälle.

Variante Nur entlang dem Westufer des Lungerersees wandern,
1½ Stunden, und von Kaiserstuhl mit der Brünigbahn
(□ 470) zurück nach Luzern oder Interlaken Ost.

Karten Landeskarte der Schweiz 1:25 000, Blätter 1209 «Brienz»,
1189 «Sörenberg», 1190 «Melchtal» (weil das erste Teilstück von der Orientierung her problemlos ist, genügt das
Kartenblatt «Melchtal»).

Gaststätten Lungern, Kaiserstuhl, Oberwilen.

Jahreszeit Frühling bis Spätherbst; Winter, wenn kein oder nur wenig
Schnee liegt.

Lungerersee, mal gesenkt, mal gestaut

Der lang gestreckte Lungerersee – Lungern bedeutet «in die Länge gezogen» – an der Nordzufahrt zum Brünigpass im Kanton Obwalden ist ein ganz spezielles Gewässer. Es ist der erste Schweizer Bergsee, der durch menschliche Hand in seinem Umfang verändert wurde, und zwar schon Ende des 18. Jahrhunderts. Dabei handelt es sich nicht, wie bei späteren Eingriffen, um einen Aufstau zur Energiegewinnung, sondern im Gegenteil um eine Absenkung. Weil die kinderreichen Obwaldner Bauernfamilien mehr Kulturland brauchten, um ihre stets wachsenden Sippen zu ernähren, kamen sie auf den Gedanken, den Seespiegel abzusenken. Einer ersten Tiefer-

legung folgte 1836 die zweite Korrektion, indem bei Kaiserstuhl ein Stollen in den Fels gesprengt wurde, sodass ein künstlicher Abfluss entstand. Dadurch gewann man, weil der Seespiegel nun volle 35 Meter tiefer lag, neue Uferwiesen für rund 400 Kühe.

Nach dem Ersten Weltkrieg aber veränderte sich die Situation. Nun war Energie aus Wasserkraft stärker gefragt als Viehfutter, sodass man 1922 den Lungerersee zur Stromproduktion wieder aufstaute. Je nach Zufluss und Nachfrage schwankt nun durch den Kraftwerkbetrieb sein Wasserspiegel im Jahresverlauf zwischen minimal 667 m ü. M. und dem Höchststand bei 692 m ü. M. Die Fassung für die Druckleitung befindet sich am Nordufer bei Bürglen,

Der Lungerersee ist ein Stausee mit wechselndem Wasserstand, was am Damm bei Kaiserstuhl deutlich zu erkennen ist. Im Vordergrund die Kapelle von Bürglen.

von wo das Wasser bis zu den Turbinen im Aaried bei Rudenz ein Gefälle von rund 200 Metern nutzen kann.

Dundelbachfall und Findlinge aus Granit

Der erste Teil unserer Seenwanderung von Lungern hinunter zum Sarnersee führt auf einem teils asphaltierten, teils gekiesten, doch kaum befahrenen Strässchen ohne nennenswerte Höhenunterschiede am Westufer des Lungerersees in anderthalb Stunden nach Bürglen und ist eigentlich als Spaziergang zu bezeichnen. Dabei fällt der Blick immer wieder über das drei Kilometer lange und bis zu einem Kilometer breite Gewässer auf den gegenüberliegenden Steilabfall, an dessen Fuss Brünigstrasse und Brünigbahn – die einzige Schmalspurstrecke der SBB – verlaufen.

An unserem Ufer gibt es unterwegs einige erdgeschichtliche Sehenswürdigkeiten. Bereits aus einiger Entfernung kündigt sich beim Weiler Diesselbach der Dundelbach-Wasserfall durch sein Brausen an. Still und stumm dagegen liegen gewaltige Findlingsblöcke aus Granit längs des gut markierten Weges – Zeugen der Eiszeit, als der über den Brünigpass vorgestossene Aaregletscher sie aus dem Grimselgebiet ins Obwaldnerland transportiert hatte. Diese erratischen Blöcke aus Urgestein wirken, wie auch Laien leicht feststellen können, als Fremdlinge in einem Gebiet, dessen Gebirge einzig durch Kalk- und Schiefer-schichten aufgebaut sind. Dieser Arm des eiszeitlichen Aaregletschers war es auch, der die Wanne des Lungerersees aus dem Gebirge hobelte; als natürlicher Staudamm des bis 71 Meter tiefen Gewässers wirkt ein Felsriegel bei Kaiserstuhl.

Verbuschendes und entsumpftes Land

Die Bergflanke über dem Westufer des Lungerersees ist ein Mosaik aus Wald und offener Kulturlandschaft. Nur dank Flächenbeiträgen – etwa durch den mit Bundesgeldern gespeisten Fonds Landschaft Schweiz (FLS) – lohnt es sich für die Bergbauern, dieses klein gekammerte, stark coupierte Gelände mit zahlreichen ökologisch wertvollen Hecken, Feldgehölzen und Trockenstandorten zu bewirtschaften und damit den vordringenden Wald im Zaum zu halten. Trotz solch finanzieller Anreize ist da und dort schon die einsetzende Verbuschung von Kulturland zu beobachten. Was hätten wohl jene Pioniere dazu gesagt, die im 18. und 19. Jahrhundert den Lungerersee etappenweise absenkten, um ihre Lebensgrundlage zu vergrössern?

Ganz anders als diese traditionelle Kulturlandschaft wirkt nach dem Abstieg von Bürglen gegen Rudenz die topfebene Agrarlandschaft im Süden des Sarnersees. Während der Lungerersee, eingeklemmt zwischen steil aufragenden Ketten, trotz seiner verhältnismässig

Im Sommer lockt der Sarnersee zum Baden, während sich im Frühling die noch schneebedeckten Berge im Wasser spiegeln.

tiefen Lage durchaus noch als Bergsee zu bezeichnen ist, präsentiert sich der Sarnersee in seinem weiten, freundlichen Becken als klassischer Talsee. Die ausgedehnte Sumpflandschaft an seinem Südufer wurde mit grossem Aufwand weit gehend entwässert. Aaried und Schibenried bei Rudenz sind völlig trockengelegt. Nur in unmittelbarer Nähe des offenen Wassers, etwa im Hanenriet, sind noch Reste des Feuchtgebietes erhalten. Vor der Meliorierung ragte der Rudenzer Kirchhügel wie eine Insel aus dem Sumpf, während die Burg aus dem 13. Jahrhundert, heute eine Ruine, die Brünigstrasse am östlichen Talhang bewachte.

Steinreicher Steinibach

Gefahr für die Ansässigen droht noch immer von den aus Westen einmündenden Seitenbächen, wenn sie bei Hochwasser viel Geschiebe mit sich führen und dann über die Ufer treten. Einen solchen Wildbach in seinem Bett aus Gesteinsschutt, der treffenderweise Steinibach heisst, überqueren wir in diesem zweiten Abschnitt auf einer nicht durchgehend markierten Route kurz vor Ende der Wanderung. Im Weiler Forst, einem Teil der weitläufigen Streusiedlung Oberwilen, erwartet uns dann das Postauto zur Fahrt das Westufer des Sarnersee entlang nach Sarnen, dem Hauptort des Halbkantons Obwalden.

Eisee über Sörenberg

Fischerparadies am Rothorn

Route Sörenberg–Flüehüttenboden–Witmoos–Schönenboden–
Rämisboden–Stafel–Emmensprung–Stäfeli–Eisee–Eiseesattel
(Punkt 2025)–Brienzer Rothorn.

Anreise Mit den SBB von Bern oder Luzern nach Schüpfheim
(□ 460), von dort mit dem Postauto nach Sörenberg
(□ 460.60).

Rückreise Vom Brienzer Rothorn mit der Luftseilbahn zurück nach
Sörenberg (□ 2505) oder mit der Zahnradbahn nach Brienz
(□ 475) und von dort mit der Brünigbahn nach Interlaken
Ost oder Luzern (□ 470).

Wanderzeit 4–5 Stunden mit 1200 Meter Steigung.

Variante Vom Ufer des Eisees mit der Sesselbahn aufs Brienzer Rothorn, 1 Wanderstunde weniger.

Karte Landeskarte der Schweiz 1:25 000, Blatt 1189 «Sörenberg».

Gaststätten Sörenberg, Eisee, Brienzer Rothorn (mit Übernachtungsmöglichkeit).

Jahreszeit Sommer und Herbst.

Goldsucher am Emmensprung

Was da als mächtige Wand im Süden von Sörenberg den Horizont begrenzt, ist zweifellos das Brienzer Rothorn. Hier im Entlebucher Ferienort nennt man den höchsten Gipfel des Kantons Luzern an der Grenze zum Berner Oberland allerdings nur Rothorn. Das 2244 Meter hohe Massiv aus grauem Kalkgestein bekam seinen Namen durch die rötliche Färbung, wenn es frühmorgens oder abends vom Streiflicht der Sonne beschienen wird. Unsere Route mit ihren 1200 Meter Steigung führt über verschiedene Geländestufen mit Alpweiden. In der obersten Verebnung auf 1900 m ü. M. liegt der bei Fischern als Forellenparadies bekannte Eisee, ein nur wenige Meter tiefer, aber fast 500 Meter langer und 150 Meter breiter Bergsee ohne oberirdischen Abfluss.

Zum Einlaufen eignet sich das noch wenig steile Wegstück von Sörenberg zur Talstation der Rothorn-Luftseilbahn auf dem Schönenboden. Wer will, kann für diesen Abschnitt das Postauto benützen und dadurch drei viertel Stunden einsparen. Auf dem Schönenboden verschwindet die neu erstellte Erdgastransitleitung von der Nordsee nach Italien im Berg. Der Bau des 3550 Meter langen Stollens für die Röhren von 120 Zentimeter Durchmesser unter dem Brienzer Rothorn hindurch war ein aufwändiges Unterfangen.

Doch Graben und Wühlen hat am Rothorn-Nordhang Tradition. In früheren Jahrhunderten nämlich durchstreiften immer wieder so genannte Venediger das Gebirge, um nach Gold zu suchen. Diese geheimnisvollen Leute aus dem Süden (ob sie tatsächlich von Venedig kamen, ist umstritten) behielten ihre Kenntnisse für sich und stiessen bei der einheimischen Bevölkerung teils auf Neid, teils auf Bewunderung. Noch heute erzählt man sich in Sörenberg von einem Venediger, der beim Emmensprung auf halbem Weg zum Eisee hinauf einen Sack voll Goldbrocken gefunden habe. In der Tat führt die Waldemme, die in der Karstquelle des Emmensprungs entspringt und durchs hintere Entlebuch fliesst, Gold.

Von der Alp Stafel – der Senn verkauft den Wanderern gern ein Stück seines würzigen Obwaldner Bergkäses – führt ein kurzer Abstecher zum Emmensprung bei 1460 m ü. M. Während der Schneeschmelze und nach Gewittern bricht das Gewässer als brausender Bach, bei längeren Trockenperioden aber als zögerliches Rinnsal aus dem Fels. Es handelt sich um Wasser, das am Grund des Eisees versickert ist und nach einer Reise durch unterirdische Kalkklüfte hier ans Tageslicht tritt. Bei der Rast am Emmensprung fällt der Blick zurück gegen Sörenberg, dessen Chaletsiedlungen sich, wie es scheint, gefährlich nah an das Bergrutschgebiet vom Nünalpstock geschoben haben. Weiter gegen Westen glänzt die nackte Flanke der Schrattenfluh im Sonnen-

Blick zurück zum Eisee. Bald ist der Steilaufstieg von Sörenberg aufs Brienzer Rothorn geschafft.

licht. Wer sich ruhig verhält, kann mit etwas Glück und mit dem Feldstecher von hier aus auch Steinböcke und Gämsen beobachten.

Rast am Eisee

Am Eisee lohnt sich ein längerer Aufenthalt, sei es beim Picknick am Ufer oder auf der Terrasse des Gasthauses «Eiseehütte». Stammgäste, auch zum Übernachten, sind Fischer, von denen an schönen Tagen gleich Dutzende ihre Angelruten ins grünblau schimmernde Wasser halten. Ein Tagespatent von 35 Franken erlaubt, bis zu sechs Forellen oder Saiblinge zu fangen. Im Gegensatz zu den Venedigern glauben die Fischer nicht an Geheimnistuerei. Gerne verraten die oft stundenlang geduldig an einem Fleck verharrenden Männer, dass die Fische vor allem am Morgen und Abend beissen, während sie sich zur Mittagszeit einer Siesta widmen. Die hohe Fangquote macht es notwendig, dass immer wieder Jungfische im Eisee ausgesetzt werden müssen.

Stichwort Siesta: Auch uns dürfte ein Nickerchen gut tun, gilt es anschliessend doch, das steile Schlussstück zum Rothorn-Gipfel in Angriff zu nehmen. Für die Mittagsrast wählt man übrigens besser die grasige Nordwestseite des Sees, denn beim gegenüberliegenden Uferpfad im Blockschutt unter dem Arnihaaggen brechen immer wieder Felsbrocken vom Gipfel nieder und kollern mit klackendem Geräusch dem Wasser-

spiegel entgegen. Unnötig allerdings, die Gesteine auf ihren Goldgehalt zu untersuchen – es handelt sich um kantigen Kieselkalk, seiner Härte wegen ideal als Bahnschotter.

Wegen der geringen Tiefe des Eisees wird das Wasser an sonnigen Tagen nach einigen Stunden warm genug zum Baden, während es in der kühlen Gebirgsnacht jeweils wieder merklich abkühlt. Das teils sumpfige, teils mit spitzen Steinen besetzte Ufer erschwert freilich den Ein- und Ausstieg. Doch das kümmert die Jugendlichen nicht, und wie ein Fischer erzählt, der seit Jahren fast jede freie Stunde hier verbringt, tummeln sich vor allem Deutsche und Engländer selbst ganz zu Beginn der Saison im eiskalten Wasser bei der Schneeschmelze.

Wechselndes Panorama

Beim Eiseesattel auf 2025 m ü. M., eine Viertelstunde über dem See, ändert sich das Panorama schlagartig und gibt den Blick auf die Eisriesen des Berner Oberlandes frei. Tief unten blinkt der Brienzersee, oben lockt der Rothorngipfel mit seinem Restaurant. Auf diesem letzten Teilstück, dem Steilaufstieg im Zickzack durch kahle Halden aus hellen Schieferplatten, die das Sonnenlicht für das Auge fast schmerzhaft zurückwerfen, folgt unsere Route dem stark begangenen Kammweg vom Brünigpass aufs Brienzer Rothorn. Hier sind an Spitzentagen denn auch derart viele Leute unterwegs,

Das Brienzer Rothorn belohnt den Aufstieg mit einem prächtigen Alpenpanorama, rechts hinten der Eiger.

dass man – nur schon um den Schnauf zu schonen – gerne auf den sonst üblichen Wandergruss verzichtet.

Zur Talfahrt haben wir die Wahl zwischen der dampfbetriebenen Zahnradbahn hinunter nach Brienz und der Luftseilbahn zurück nach Sörenberg. Die geräumige Seilbahnkabine fasst 80 Personen und benötigt für die 2700 Me-

ter lange Fahrt nur acht Minuten. Unterwegs ist tief unten der direkte Anstieg aufs Rothorn erkennbar, eine von Wanderern nur selten gewählte Route, denn der Weg via Eisee erscheint wesentlich lohnender. Beliebt ist die Direttissima hingegen bei Bergläufern: Trainierte Sportler bewältigen die gut 1000 Meter Steigung in knapp 50 Minuten.

Steinsee und Seeboden-see am Sustenpass

Schmelzwasser vom Steingletscher

Route Hotel «Steingletscher»–Steinsee–Vorfeld des Steingletschers (Vorsicht!)–Seeboden–Seebodensee–Alp Hublen–Hotel «Steingletscher»–historischer Sustenpassweg (alter Sustenweg) hinunter nach Gadmen.

Anreise Mit der Brünigbahn von Interlaken Ost oder Luzern nach Meiringen (□ 470). Von dort mit dem Sustenpass-Postauto bis zum Hotel «Steingletscher» (□ 470.70).

Rückreise Von Gadmen mit dem Postauto nach Meiringen (□ 470.71).

Wanderzeit 5 Stunden mit 250 Meter Steigung und 900 Meter Gefälle.

Variante Wanderung beim Hotel «Steingletscher» beenden und mit dem Postauto zurück nach Meiringen (□ 470.70), 2 Stunden und fast 700 Meter Gefälle weniger.

Karten Landeskarte der Schweiz 1:25 000, Blätter 1211 «Meiental» und 1210 «Innertkirchen».

Gaststätten Hotel «Steingletscher», Gadmen.

Jahreszeit Anfang Juli bis Ende September.

Selbst für ein Fussbad dürfte der Steinsee mit dem Schmelzwasser vom Steingletscher im Sommer zu kalt sein.

Ein Gletscher unterbricht die Passstrasse

Graubraun und eiskalt liegt er in seiner Mulde am Fuss des Steingletschers, der runde Steinsee auf 1934 m ü. M. Mit seiner trüben Farbe, verursacht durch eingeschwemmtes, fein zerriebenes Gesteinsmaterial, setzt er einen melancholischen Akzent in die grossartige Hochgebirgslandschaft auf der Berner Seite des Sustenpasses. Wie alle Gletscherseen ist auch dieses Gewässer mit einem knappen halben Kilometer Durchmesser starken Veränderungen unterworfen: Nicht nur seine Form, sondern auch seine Existenz hängen von Vorstössen und Rückzügen des Eisstromes ab.

Dass die Erwärmung der Atmosphäre die Alpengletscher zum Schmelzen bringt, ist eine bekannte Tatsache und lässt sich hier am Sustenpass im Osten des Berner Oberlandes gut beobachten. Während einer Kälteperiode im frühen 19. Jahrhundert war der Steingletscher bis zu jener Stelle vorgestossen, wo heute das Hotel dieses Namens steht, und hatte dabei die erst kurz zuvor fertig gestellte Passstrasse unterbrochen. Diese 1811–1818 erbaute Verbindung hinüber nach Wassen im Kanton Uri war nur wenig breiter als ein Saumpfad und wesentlich steiler angelegt als die heutige Strasse mit ihren weit ausladenden Serpentinen.

Vorsicht: Das Gletschertor des Steingletschers kann unter den Sonnenstrahlen jederzeit einbrechen.

Bei einem weiteren Vorstoss 1856 unterbrach der Steingletscher noch einmal die Verbindung über den Sustenpass, bevor sein Rückzug um einen guten Kilometer bis in seine derzeitige Lage begann.

Ausbruch des Steinsees

Der Steinsee vor dem Zungenende des Gletschers besteht erst seit wenigen Jahrzehnten. Bei einem neuerlichen, von Fachleuten freilich als wenig wahrscheinlich erachteten Gletscherwachstum würde der See bald unter der anschwellenden Eismasse verschwinden. Die gut erkennbare Seitenmoräne über dem Ostufer stammt übrigens vom Vorrücken des Gletschers zwischen 1912 und 1922, welches, wie auch die Wachstumsphase 1969–1989, das allgemeine Abschmelzen kurzfristig unterbrach.

Wie rasch sich Gewässer im Gebirge verändern können, beweist der Vorfall vom 30. Juli 1956, als der randvoll gefüllte Steinsee plötzlich ausbrach. Die Wassermassen rissen eine Bresche ins Lockergestein am Nordufer, zerstörten dort das Regulierwerk der Kraftwerke Oberhasli und vertieften die Schlucht zwischen dem See und dem Hotel «Steingletscher» unten an der Passstrasse. Durch diesen Ausbruch sank der Seespiegel um volle vier Meter. Der Weg vom Hotel hinauf zum Bergsee verläuft auf der Westseite des Steinwassers, wie der Abfluss von Gletscher und See heisst, während auf der Gegenflanke die alte Sustenstrasse – heute ein Wanderweg – im Zickzack zur Passhöhe bei 2304 m ü. M. hochführt.

Vorsicht am Gletschertor

Beim Steinsee öffnet sich gegen Süden das Hochgebirgspanorama zwischen Sustenhorn und Tierberg in voller Pracht. Von den Schneegipfeln und Firngräten, die bis gegen 3500 Meter ansteigen, fallen Steingletscher und Steinlimigletscher in mehreren Stufen talwärts. Gut zu erkennen sind auch die Spaltensysteme, die Hindernisse bei jeder Gletschertour. Auch wenn es Bergwanderer noch so sehr reizen mag: Das Betreten des Eises erfordert entsprechende Ausrüstung und sollte erfahrenen Alpinisten vorbehalten bleiben.

Selbst der Aufenthalt auf dem mit Steinen übersäten Gletschervorfeld erfordert einige Vorsicht. So sollte man sich keinesfalls zu nah ans Gletschertor heranbegeben, d. h. an die Stelle, wo das Schmelzwasser aus dem Gletscher tritt und dem nahen Steinsee zustrebt. Denn hier befindet sich eine Schwächezone im Gletscherkörper, und unvermittelt können ganze Eispakete aus ihm herausbrechen. Das unter der Gletscherzunge hervorfliessende Wasser hat während seines Laufes unter dem Eis fein zerriebene Gesteinsteilchen mitgenommen. Diese geben ihm – wie auch dem See – eine graubraune, ins Weisse spiegelnde Farbe, weshalb man von «Gletschermilch» spricht.

Seenmosaik auf Seeboden

Ein mit braunen Wegweisern als «Gletscherpfad» markierter Bergweg führt vom Zungenende des Steingletschers Richtung Westen auf den Steinboden. Hier spiegeln sich Himmel und Schneeberge in einer Vielzahl kleiner Seen zwischen kahlen Felsbuckeln. Von den insgesamt 18 auf der Landkarte verzeichneten Seen – die kleineren, in heissen Sommern ausgetrockneten Tümpel nicht gezählt – trägt nur der grösste, der 150 Meter lange Seebodensee auf 2042 m ü. M., einen eigenen Namen. Rund um die Gewässer entfaltet sich eine reiche Pflanzenwelt, die die kurze Vegetationszeit des Bergsommers voll auszunutzen weiss. Nach dem Absterben trägt das Pflanzenmaterial zum Auffüllen der Senken bei und fördert so den Verlandungsprozess der reizenden Seen, die nach und nach zu Flachmooren werden. Dieser Vorgang begann vor 9200 Jahren, denn so alt sind, mit wissenschaftlichen Methoden datiert, die ältesten Torfschichten auf dem Seeboden.

Blau in einer Mulde aus Granitgestein: der Seebodensee.

Durch die Alp Hublen führt der Gletscherpfad dann, am Schluss ziemlich steil, zum Hotel «Steingletscher» hinunter, wo die alte und neue Sustenpassstrasse aufeinander treffen. Für den Abstieg nach Gadmen bietet sich die unlängst wieder in Stand gestellte und als Wanderweg markierte historische Route an. Sie verläuft zuerst südlich, dann nördlich des Talflusses, der seinen Namen auf halber Strecke von Steinwasser in Gadmerwasser ändert.

Oberaar-, Grimsel-, Gelmer-, Räterichsbodensee

Vier Stauseen im imposanten Hochgebirge

Route Zu den Grimsel-Stauseen gibt es vier Bergwanderungen mit unterschiedlichen Anforderungen.

1. Grimsel Passhöhe–Husegghütte–Triebtenseewli–Bäregg–Berghaus Oberaar–Oberaarsee–Oberaargletscher–Triebtenseewli–Triebtenseeliche–Chrizegg–Totensee–Grimselpass.

2. Grimsel Hospiz–Staumauer–Nordufer des Grimselsees und zurück.

3. Haltestelle Künzentännlen–Stockseewli–Hindren Stock–Staumauer Gelmersee–Ochsenwang–Undrist Diechter–Gelmer–Undrem Haren–Südende Staumauer–Künzentännlen.

4. Grimsel Hospiz–Westufer Räterichsbodensee–Alpersulz–Säumerstein–Handegg (oder umgekehrt).

Anreise/ Rückreise Mit der Brünigbahn von Interlaken Ost oder Luzern nach Meiringen (□ 470). Oder mit der Furka-Oberalp-Bahn FO von Brig, Andermatt oder Disentis nach Oberwald im Goms (□ 610). Von Meiringen oder Oberwald mit dem Postauto auf den Grimselpass (□ 470.75), Haltestellen Grimsel Passhöhe (1), Grimsel Hospiz (2, 4), Künzentännlen (3), Handegg Hotel (4).

Wanderzeit
1. 6–7 Stunden mit je 650 Meter Steigung und Gefälle.
2. 5–6 Std. ohne grosse Steigung/Gefälle, aber exponiert.
3. 3–4 Stunden mit je 500 Meter Steigung und Gefälle.
4. 3–4 Stunden mit 580 Meter Gefälle oder Steigung.

Karten Landeskarte der Schweiz 1:25 000, Blätter 1230 «Guttannen» (2, 3, 4) und 1250 «Ulrichen» (1, 2).

Gaststätten Grimsel Passhöhe, Staumauer Oberaarsee, Grimsel Hospiz, Handegg (auch mit Übernachtungsmöglichkeit).

Stauseen in Wannen aus Granit

Das Zusammenspiel von Natur und Mensch, von Erdgeschichte und Technik hat am Grimselpass im Berner Oberland eine der eindrücklichsten Regionen von Hochgebirgs-Stauseen in den ganzen Alpen hervorgebracht. Die hobelnde Kraft des Gletschereises hatte bewirkt, dass sich mit der Zeit im harten Granit teils lang gestreckte, teils rundliche Wannen bildeten. Als Bauingenieure ihre Abflüsse durch Mauern abdichteten, entstand zwischen 1850 m ü. M. und 2300 m ü. M. eine ganze Reihe von Stauseen zur Elektrizitätsgewinnung für das Unterland.

Obwohl eigentlich künstliche Gebilde, empfindet man Oberaarsee, Grimselsee, Räterichsbodensee und Gelmersee inzwischen durchaus als Bereicherung der Berglandschaft im Grimselgebiet. Und die Einwohner des Oberhaslis leben zu einem guten Teil von der Elektrizitätswirtschaft. Daneben bilden Berglandwirtschaft, Tourismus und Strahlen, d.h. Kristallsuchen, weitere Einkommensquellen.

Bevor wir uns den vier Stauseen-Wanderungen zuwenden, hier ein kurzer Blick in die Erdgeschichte und auf das Urgestein der Region, den Granit. Seltsames Spiel der Natur: Die ältesten Ge-

Abendstimmung am Grimselsee: Alle Stauseen im Oberhasli sind durch ein weit verzweigtes System von Stollen miteinander verbunden.

steine, vor 280 Millionen Jahren in der Tiefe der Erdkruste entstanden, bilden heute die höchsten Erhebungen des Aarmassivs. Denn es ist grauer Granit, der die Hochgebirgslandschaft im Quellgebiet der Aare rund um den 2165 Meter hohen Grimselpass prägt.

Zur Karbonzeit im Erdaltertum, dem Paläozoikum, war das Gebiet der heutigen Schweiz ein feuchtwarmes, von Sumpfurwäldern bedecktes Tiefland. Während Riesenlibellen durch Schachtelhalmhaine schwirrten, erstarrte flüssige Magmaglut im Untergrund dieses Tropenparadieses zum Tiefengestein Granit. Dieses besteht aus den drei Mineralien Quarz (glasig glänzend), Feldspat (helle Bruchflächen) und Glimmer (Plättchen von dunkler Farbe).

Im Verlauf der Alpenbildung, als vor etwa 40 Millionen Jahren durch Schubkräfte aus dem Süden der afrikanische Kontinent langsam gegen Europa geschoben wurde, hoben sich die zuvor in dunkler Erdentiefe verborgenen Granitgesteine um mehrere Tausend Meter und wurden durch die Erosion von Wasser, Wind und Eis freigelöst. Damit bilden nun die Urgesteinskörper von Gotthardmassiv, Aarmassiv, Aiguilles-Rouges-Massiv und Montblancmassiv gewissermassen das Rückgrat der Alpenkette. Das grösste dieser Zentralmassive ist das Aarmassiv mit einer Fläche von 550 Quadratkilometern, das im Grimselgebiet seine maximale Breite von acht bis neun Kilometern erreicht.

Ihr heutiges Aussehen verdankt die Landschaft vor allem den Eiszeitgletschern. Die buckligen Rundhöcker rund um den Grimselpass zeugen vom hobelnden, abschleifenden Wirken des talwärts strömenden Eises. Die höchsten Gipfel und Grate mit ihren viel zackigeren Verwitterungsformen entgingen der Gletschererosion – wie mit dem Lineal gezogen zieht sich die Schliffgrenze durchs Gelände.

Kein weiterer Aufstau des Grimselsees

Erste Anlagen für die Stromgewinnung in der Grimselregion stammen aus der Zwischenkriegszeit, etwa der Grimselstausee zur Speisung der Zentrale Handegg I (1926–1932). 1947 begann der Weiterausbau mit der Erstellung der Staumauern am Oberaarsee, am Räterichsbodensee sowie am Gelmersee. Umstritten war das Projekt Grimsel-West der Kraftwerke Oberhasli (KWO), denn es hätte beim vorgesehenen weiteren Aufstau des Grimselsees wertvolle Uferbiotope und beliebte Kletterrouten unter Wasser gesetzt. Die Opposition durch Naturschützer und Alpinisten sowie eine Neubeurteilung der Ertragsaussichten haben die KWO schliesslich 1999 bewogen, auf ihr Vorhaben zu verzichten und stattdessen die Leistung der bestehenden Anlagen zu verbessern. Diese sind durch ein System von Stollen – ein unterirdisches Netzwerk, von dem die Besucherinnen und Besucher der

Bergseen in der Regel nichts ahnen – untereinander verbunden.

Doch auch eine umweltfreundliche Wasserkraftnutzung hat ihren Preis: Während die Stauseen zwar als Bereicherung der sonst recht monotonen Granitlandschaft über der Baumgrenze gelten mögen, sind die einst zahlreichen rauschenden Bäche nun meist in Röhren gefasst und verschwunden. Auch das Flussbett der jungen Aare bleibt weit gehend trocken, ebenso der Aare-Wasserfall bei der Handegg, früher eine Touristenattraktion ersten Ranges.

Vier Stauseen-Touren

Für alle Wanderungen im Grimselgebiet empfiehlt sich bergtaugliche Ausrüstung mit gutem Schutz gegen Nässe und Kälte. Falls hier am Rand des Hochgebirges nämlich ein Unwetter losbricht, gibt es in der baumlosen Gesteinswüste kaum eine Möglichkeit zum Unterstehen, und selbst im Hochsommer kann es nach einem Temperatursturz schneien.

Unsere vier Tourentipps beginnen auf dem Grimselpass und ziehen sich dann Stufe um Stufe nordwärts durchs Oberhasli hinunter bis zur Handegg. Vielleicht plant man einen mehrtägigen Aufenthalt, um verschiedene Seen zu besuchen.

1. Oberaarsee. Von der Grimsel Passhöhe führt eine lohnende Tageswanderung westwärts zum Oberaarsee auf 2303 m ü. M. und auf den gleichnamigen Gletscher, wobei für den Rückweg die Route südlich des Sidelhorns gewählt werden kann. Unterwegs sind zwei kleinere natürliche Bergseen anzutreffen, die durch kleine Mauern künstlich aufgestaut wurden und ebenfalls der Elektrizitätsgewinnung dienen: der Totensee bei der Kulmination der Passstrasse sowie das Triebtenseewli auf halber Distanz zum Oberaarsee.

2. Grimselsee. Beim Felsvorsprung des Spitteln Nollens mit dem trutzigen Hotel «Grimsel Hospiz» beginnt ein Weg über die Staumauer, durch einen Tunnel und dann teilweise recht exponiert über dem landschaftlich eindrücklichen Nordufer des Grimselsees auf 1909 m ü. M. ins Vorfeld des Unteraargletschers. Diese ebenfalls schattenlose Tour, eine Tagesunternehmung mit gleichem Hin- und Rückweg, ist schwieriger als unser Vorschlag Nr. 1 und setzt sichere Berggängigkeit voraus.

3. Gelmersee. Geradezu gemütlich erscheint dagegen der kürzlich durch die Berner Wanderwege fertig gestellte Rundweg um den Gelmersee (auf 1849 m ü. M.). An verschiedenen Stellen sorgen fest eingebaute Geländerseile für Sicherheit. Aufstieg von Chüenzentennlen an der Grimselpassstrasse (die Postautohaltestelle schreibt sich Künzentännlen), Seeumrundung und Abstieg auf gleicher Route nehmen 3–4 Stunden in Anspruch.

4. Räterichsbodensee. Der «Grimsel-Kristall-Schatzweg», ein Naturlehrpfad für Kinder, verbindet auf dem alten Saumpfad das Grimsel Hospiz mit der

Auch der Oberaarsee, durch den gleichnamigen Gletscher gespeist, dient der Stromgewinnung.

Handegg und führt durch kristallreiche Gesteinsvorkommen. Unterwegs kann man sechs Kristallklüfte besuchen und bewundern. Für die ungefährliche Wanderung bergabwärts, an der auch Erwachsene ihre Freude haben dürften, plant man am besten einen halben Tag.

Höhepunkte der Wanderung sind der Uferweg entlang dem Räterichsbodensee auf 1767 m ü. M. sowie die Helleplatten mit ihren Trittstufen im Granit für bessere Standfestigkeit. Wer lieber bergauf geht, beginnt die Wanderung beim Handegg-Hotel.

Bachsee, Hagelseewli und Häxeseeli

Drei unterschiedliche Seen ob Grindelwald

Route   Gondelbahn-Bergstation First–Chämmlisegg–Bachsee–Hagelseewli–Abstecher Hiendertelli–Häxeseeli–Hagelseewli–Schilten–Oberberg–Tschingelfeld–Mittlistein–Lütschentälti–Chüemad–Axalp.

Anreise   Mit der Lötschbergbahn BLS von Bern (□ 310) oder mit der Brünigbahn von Luzern (□ 470) nach Interlaken Ost. Von dort mit den Berner-Oberland-Bahnen BOB nach Grindelwald (□ 312) und mit der Gondelbahn zur Bergstation First (□ 2440).

Rückreise   Von der Axalp mit dem Autobus nach Brienz (□ 470.95) und von dort mit der Brünigbahn nach Interlaken Ost oder Luzern (□ 470).

Wanderzeit   5–6 Stunden mit 300 Meter Steigung und 950 Meter Gefälle.

Variante   Tour zweitägig planen mit Übernachtung im Berghotel auf dem Faulhorn (2680 m ü. M.) (vom Hagelseewli in $1\frac{1}{2}$ Stunden zu erreichen).

Karten   Landeskarte der Schweiz 1:25 000, Blätter 1209 «Brienz» und 1229 «Grindelwald».

Gaststätten   First, Axalp (mit Übernachtungsmöglichkeit).

Jahreszeit   Hochsommer und Frühherbst.

Schneegipfel spiegeln sich im Bachsee

Der Bachsee ob Grindelwald im Berner Oberland ist bekannt als Aussichtspunkt mit grossartigem Gebirgspanorama. Wenn kein Windhauch das Wasser bewegt, was freilich recht selten vorkommt, spiegeln sich hier das Schreckhorn und die ihm benachbarten Schneegipfel jenseits von Grindelwald. Schon bei der halbstündigen Fahrt von Grindelwald mit der Gondel hinauf zur First bei 2167 m ü. M., wobei die Bahn 1100 Höhenmeter bewältigt, wachsen die vergletscherten Viertausender im Süden langsam aus der Landschaftskulisse empor. Nach dem anschliessenden gemächlichen Aufstieg zum Bachsee, früher auch Bachalpsee genannt, zeigt sich dann westlich des Schreckhorns das Dreigestirn Eiger, Mönch und Jungfrau in voller Pracht. Die Ufer sind von Trampelpfaden durchzogen, denn das langsam verlandende Gewässer hoch über der Baumgrenze bei 2265 m ü. M. ist leicht zu erreichen und daher ein häufig gewähltes Touristenziel.

Im Bachsee oberhalb First spiegelt sich das Schreckhorn jenseits des Tals von Grindelwald.

In Luftlinie nur zehn Kilometer entfernt, steigt bei klarem Wetter fast zum Greifen nah die Eigernordwand wuchtig in die Höhe. Verständlicherweise bleibt sie den Kletterern vorbehalten, während sich auf unserer Seite des Talkessels von Grindelwald schöne Bergwanderungen anbieten.

Hagelseewli: Studienobjekt für Klimaforscher

Unsere an sich problemlose, doch konditionell trotzdem anspruchsvolle Tour berührt nach dem Bachsee noch zwei weitere kleine Seen, die im Gegensatz zu diesem nur selten besucht werden. Unterwegs gibt es keine Verpflegungsmöglichkeit, es sei denn, wir planen die Tour zweitägig mit Übernachten im Hotel «Faulhorn».

Die Route vom Bachsee hinauf zum Hagelseewli führt über ein kleines, namenloses Pässchen und dann in den Felskessel, in dem das bei Klimaforschern bekannte Gewässer liegt. Hier an der Vegetationsgrenze, wo menschliche Einflüsse die Natur kaum stören, sind in den Ablagerungen auf dem Seegrund Hinweise auf die Klimaveränderungen der letzten Jahrhunderte zu finden. Je nachdem, ob das 300 Meter lange, 100 Meter breite und bis zu 18 Meter tiefe Seelein eisfrei ist oder nicht, setzen sich verschieden gefärbte Schichten ab. Gegenwärtig ist das Hagelseewli im Durchschnitt etwa drei Monate im Jahr eisfrei. Noch vor 300 Jahren aber kam es, wie Untersuchungen an Ablagerungen zeigen, häufig vor, dass der Bergsee auch

Das einsam gelegene Hagelseewli am Faulhorn ist selbst im Frühsommer noch von Eisresten bedeckt.

im Sommer zugefroren blieb – ein Hinweis darauf, dass die Temperaturen seither deutlich gestiegen sind.

Häxeseeli: Treffpunkt der Hexen?

Obwohl das Hagelseewli auf 2339 m ü. M. keine hundert Meter höher liegt als der benachbarte Bachsee, ist die Landschaft hier viel urtümlicher und rauer. Wenn Wolken aufziehen und durch den öden Kessel jagen, was nach Angaben der Klimabeobachter innert Minutenfrist geschehen kann, nimmt die Umgebung ein unheimliches Aussehen an, das bei aller Trostlosigkeit bleibende Eindrücke hinterlässt. Unter solchen Bedingungen sollte man dann besser auf den Abstecher zum Häxeseeli, das eine halbe Stunde weiter oben am Fuss des 2927 Meter hohen Schwarzhorns liegt, verzichten.

Dieser dritte Bergsee liegt bei 2464 m ü. M. und ist jeweils noch länger von einer Eisschicht bedeckt als das Hagelseewli. Kein Wunder, verleitete die Szenerie zwischen Wänden aus bröckligem Kalkschiefer die Einheimischen zur Annahme, hier oben würden sich die Hexen zu wildem Treiben treffen. Selbst bei sonnigem Wetter erscheint uns Wanderern die Gegend irgendwie unheimlich, und da noch etliche Wegstunden vor uns liegen, spricht nichts gegen eine rasche Rückkehr zum Ha-

Häufige Nebelschwaden und eine tückische Eisdecke lassen das Häxeseeli ziemlich unheimlich erscheinen.

gelseewli, wo der Abstieg gegen Norden zur Axalp beginnt.

Übernachten auf dem Faulhorn

Wer sich vom Bachsee, statt zum Hagelseewli aufzusteigen, weiter gegen Westen wendet, um die Nacht im Hotel «Faulhorn» zu verbringen, braucht sich keineswegs Bequemlichkeit vorwerfen zu lassen. Erstens muss diese Variante mit einem zusätzlichen Aufstieg über 400 Meter (und entsprechendem Abstieg am folgenden Morgen) erkauft werden, und zweitens hat der Aussichtsberg ohne Bahnanschluss seinen Namen nicht wegen fauler Touristen bekommen, sondern weil er aus brüchigem – eben «faulem» – Gestein besteht. Auf diesem 2680 Meter hohen Gipfel zwischen Grindelwald und Brienzersee steht bereits seit 1830 ein Hotel, das also zu den Pionierstätten des Schweizer Fremdenverkehrs zählt. Gaststube und Zimmer strahlen den Charme einer versunkenen Epoche aus, und auch der ausgestopfte Adler erinnert an vergangene Zeiten, als diese Greifvögel noch gnadenlos gejagt wurden. Längst haben die inzwischen geschützten Adler sich ihr Revier im Berner Oberland zurückerobert und kreisen nun im Aufwind über sonnenwarmen Schieferhalden, nach Murmeltieren Ausschau haltend, oft stundenlang am Faulhorn.

Tiefblicke zum Brienzersee

Der Abstieg vom Hagelseewli zur Axalp wird immer wieder durch Tiefblicke zum flaschengrünen Brienzersee bereichert. Er führt durch unterschiedliche Gesteinsformationen und Vegetationszonen: Einmal besteht der Untergrund aus dunklerem, dann wieder aus hellerem Schiefer, durchzogen von Kalkbändern, während die Pflanzenwelt von Stufe zu Stufe üppiger gedeiht. Auf die winzigen Pioniere der Felsregion folgt die reiche Flora der Alpweiden über dem Bergwald, der die Axalp so schön umrahmt.

Vom Blausee zum Oeschinensee

Bergstürze schufen die Bergseen

Route Blausee–Mitholz–Uf der Flue–Libige–Port–Watterbach–Bergstation Sesselbahn–Oeschinensee–Bergstation Sesselbahn.

Anreise Mit der BLS von Bern nach Frutigen (□ 300). Von dort mit dem Bus Richtung Kandersteg bis «Blausee» (□ 301.10).

Rückreise Von Oeschinen mit der Sesselbahn nach Kandersteg (□ 2410) und weiter mit der BLS (□ 300).

Wanderzeit 4 Stunden mit 800 Meter Steigung, Aufenthalt am Blausee zusätzlich eine Stunde.

Variante Statt der Talfahrt mit der Sesselbahn zu Fuss nach Kandersteg, 1 Stunde mehr.

Karten Landeskarte der Schweiz 1:25 000, Blätter 1247 «Adelboden» und 1248 «Mürren».

Gaststätten Blausee, Bergstation Sesselbahn, Oeschinensee.

Jahreszeit Anfang Juni bis zur Betriebseinstellung der Sesselbahn in der zweiten Hälfte Oktober.

Die Farbe der Bergseen

Wer schon mehrmals den gleichen Bergsee besucht hat, wundert sich vielleicht über seine wechselnde Farbe. Je nach Jahreszeit, Witterung und Tageszeit nämlich kann die Wasseroberfläche ein anderes Gesicht zeigen – vom sanften Grünblau zum matten Grau bei bedecktem Himmel, vom purpurgoldenen Widerschein des Abendrots bis zur silbrigen Bahn des aufgehenden Vollmondes. Mitverantwortlich für die Farbe ist auch der Anteil an Trübstoffen im Wasser. Wo Gletscherbäche fein zerriebenes Gesteinsmehl heranführen, erscheint das Wasser zuweilen als weissliche «Gletschermilch»; Moorseen im Vegetationsbereich hingegen wirken bräunlich bis fast schwarz. Am häufigsten sind jedoch graue, grüne und blaue Farbtöne, wenn sich Felsen, Alpweiden oder der wolkenlose Himmel im See spiegeln.

Durch seine zumeist intensiv blaue Färbung in idyllischer Bergwelt ist der Blausee zwischen Frutigen und Kandersteg im Berner Oberland zur Publikumsattraktion geworden. Das unruhige Relief rund um das knapp zehn Meter tiefe Gewässer weist auf seine Entstehung durch eine Naturkatastrophe hin. Vor 15 000 Jahren nämlich hat ein Bergsturz von den Fisistöcken südlich über Kandersteg an dieser Stelle das Kandertal erreicht und eine Sperre aus Gesteinsblöcken errichtet. Später wuchs Wald zwischen den lockeren Felsmassen, der von den Bauern stehen gelassen wurde,

Rundfahrt mit «Gondoliere» auf dem Blausee.

weil sich das ruppige Gelände nicht für die Viehzucht eignete. So entstand ein bereits seit 1878 touristisch genutzter Naturpark. Der Eintritt zum Blausee und die Ruderbootfahrt lohnen sich. Während der «Gondoliere» mit ruhigen Schlägen seine Runde zieht, kann man am Seegrund die von Kieselalgen überzogenen und daher geisterhaft hell erscheinenden Baumskelette betrachten, um die dunkle Forellen herumschwimmen.

Bohren und Wühlen in der Tiefe

Der Anstieg vom Blausee zum Oeschinensee führt durch dichten Bergwald, der zum Teil arg unter dem Orkan «Lothar» von Ende Dezember 1999 gelitten hat. Es dürfte Jahrzehnte dauern, bis sich die Natur hier wieder erholt. Veränderungen – diesmal durch den Menschen verursacht – gibt es auch im Talboden der Kander bei Mitholz. Dort führt ein Fensterstollen hinunter zur

Baustelle des 35 Kilometer langen Lötschberg-Basistunnels, der 2007 in Betrieb genommen werden soll. Durch diesen Stollen gelangen die Bohrmaschinen in den Tunnel und das gebrochene Gestein heraus. Der Installationsplatz in Mitholz, beim Höhersteigen gut zu überblicken, ist eine Schlüsselstelle beim Bau der Neat für den alpenquerenden Eisenbahnverkehr. Während in der Tiefe das Bohren und Wühlen ununterbrochen voranschreitet, verkehren die Personen- und Güterzüge noch über die doppelspurig ausgebaute alte Lötschberglinie via Kandersteg und Goppenstein.

Dabei erweist sich die Nordrampe zwischen Blausee-Mitholz und Kandersteg mit ihren Kehrtunneln, um Höhe zu gewinnen, als zwar Zeit raubender, aber landschaftlich wie eisenbahntechnisch hochinteressanter Abschnitt. Davon profitieren auch die Wandernden Richtung Oeschinensee, denn der erste Teil ihrer Route folgt dem BLS-Bahnlehrpfad mit seinen Instruktionstafeln.

Unterirdische Abflüsse

Der zweite Teil des Aufstiegs bis zur Bergstation der Oeschinensee-Sesselbahn ist teilweise recht exponiert und verlangt Trittsicherheit. Wo Steinschlag-

Der Oeschinensee, von Kandersteg durch eine Sesselbahn erreichbar, liegt an der Passroute über das Hohtürli ins Kiental.

runsen den schmalen Pfad überqueren, warnen Tafeln vor dem Stehenbleiben, und abschüssige Stellen sind durch Drahtseile oder Geländer gesichert. Bei günstigen Windverhältnissen kreisen Gleitschirmflieger schwerelos über der Talflanke im Aufwind, beneidet von Berggängern, die hier volle 800 Meter Steigung bewältigen müssen. Für die Mühe entschädigt dann der Anblick des Oeschinensees. Man erreicht ihn einigermassen erholt, denn die letzte Etappe verläuft auf breitem Spazierweg mit angenehmem Gefälle.

Wie der Blausee verdankt auch der Oeschinensee seine Entstehung einem vorgeschichtlichen Bergsturz von den Fisistöcken über Kandersteg. Das 50 Meter tiefe Gewässer, das mit einer Fläche von knapp anderthalb Quadratkilometern zu den grösseren natürlichen Bergseen der Schweiz gehört, wird durch Wasserfälle von den umgebenden Gipfeln gespeist und besitzt keinen oberirdischen Abfluss. Mehrere unterirdisch verlaufende Wasseradern werden bei Kandersteg gefasst und zur Strom- oder Trinkwasserversorgung genutzt.

Freizeitparadies Oeschinensee

Die 50 Meter Tiefe beziehen sich auf mittleren Wasserstand bei 1578 m ü. M. Je nach Witterung kann der Pegel aber bis zu 20 Meter schwanken. Am höchsten ist er nach der Schneeschmelze im Bergfrühling, sichtlich tiefer nach trockenen Sommermonaten. Die im Sü-

den und Osten senkrecht zum Oeschinensee abstürzenden Felswände von Doldenhorn und Blüemlisalp verunmöglichen die Anlage eines Uferrundweges. Indes kann man auf Mietbooten über das stille Gewässer rudern, Motorboote würden die Gebirgsruhe empfindlich stören. Auch Baden ist erlaubt und durchaus angenehm, denn nach sonnendurchfluteten Tagen wird es im Felsenkessel fast wüstenhaft warm. Weitere Aktivitäten sind Fahrten mit der Rösslikutsche, ein Skulpturenweg mit Holzfiguren am Westufer oder, bei der Sesselbahn-Bergstation, eine Sausefahrt mit der Rodelbahn. Ein Winterangebot ist Eislochfischen auf dem zugefrorenen See. Ausdauernde Passwanderer gelangen in sechs Stunden übers Hohtürli (2278 m ü. M.) zur Griesalp im benachbarten Kiental.

Am schönsten ist es jedoch, einfach am Ufer zu sitzen und das Bergpanorama auf sich wirken zu lassen. Beschrieben hat es schon 1850 der Berner Alpinist Gottlieb Studer mit folgenden begeisterten Worten: «Unmittelbar aus dem Wasserspiegel tauchen kahle Felswände empor, über die sich aus bedeutender Höhe zahlreiche Wasserfälle, oft auch zerstäubende Schneelawinen stürzen. Diese Felswände dienen aber nur dem riesigen Gebirge zum Fundament, welches, aus Felsen und Gletschern darauf hingebaut, sein Haupt im Firnenglanz erhebt und sein Bild auf der Scheibe des Sees widerstrahlen lässt.»

Im Oeschinensee, einem Bergsee wie aus dem Bilderbuch, spiegeln sich die Steilwände der Blüemlisalp-Fründenhorn-Gruppe.

Lauenensee bei Gstaad

Wetterkunde im Saanetal

Route Gstaad– entlang der Saane bis zur Talstation Wispile-Gondelbahn–Gondelbahn zur Höhi Wispile (□ 2393)–Meteopfad bis zu dessen Wendepunkt–weiter auf dem Wispilegrat zum Chrinepass–Sodersegg–Lauenensee.

Anreise Mit der Bahn von Bern via Spiez und Zweisimmen (□ 320) oder von Montreux (□ 120) nach Gstaad.

Rückreise Vom Lauenensee mit dem Postauto nach Gstaad (□ 120.20, Anfang Juli bis gegen Ende Oktober) und mit der Bahn weiter wie Anreise.

Wanderzeit 4–5 Stunden mit 600 Meter Gefälle und einer kurzen Gegensteigung.

Variante Mit dem Postauto von Gstaad bis zur Talstation der Wispile-Gondelbahn (□ 120.15), ½ Wanderstunde weniger.

Karten Landeskarte der Schweiz 1:25 000, Blätter 1246 «Zweisimmen» und 1266 «Lenk» (bei Variante nur «Lenk»).

Gaststätten Gstaad, Bergstation Wispile-Gondelbahn, Alpwirtschaft Wispilegrat, Lauenensee.

Jahreszeit Sommer und Herbst.

Der jungen Saane entlang

Nach etlichem Hin und Her hat Gstaad, der Berner Oberländer Weltkurort im Chaletstil, seine Dorfpromenade vom Autoverkehr befreit. Nun kann man hier der Filmprominenz beim Bummeln in reiner Bergluft begegnen. Dann aber folgt ein Kulissenwechsel, denn auf unserer Wanderung wartet die Natur selbst mit einer grossartigen Vorstellung auf. Alle Elemente spielen zusammen: Wasser, Luft, Feuer, Erde und nochmals Wasser – und zwar in dieser Reihenfolge.

Zunächst wandern wir flussaufwärts die junge Saane entlang von Gstaad bis zur Talstation der Gondelbahn auf die Höhi Wispile, eine ideale Strecke, um sich einzulaufen. Dabei erscheint der Fluss, der sich später durch die Waadtländer Alpen und das Freiburgerland windet, bis er wieder im Kanton Bern die Aare gewinnt, als munteres Gebirgsgewässer, nicht viel breiter als ein stattlicher Bach. Selbst in trockenen Sommern führen die Saane und ihre Nebenbäche reichlich Wasser, denn sie entspringen im vergletscherten Hochgebirge an der Grenze von Berner Oberland, Wallis und Waadt. So präsentiert sich das Saanenland als grünes Paradies, denn westliche Winde sorgen immer wieder für reichlich Regen.

Meteopfad Höhi Wispile

Die Region mit ihrem abwechslungsreichen Wettercharakter ist wie geschaffen für einen Meteo-Lehrpfad. Er beginnt bei der Bergstation auf der Höhi Wispile, die man durch eine Gondelbahnfahrt in zwei Etappen erreicht – die luftige Reise erschliesst uns das zweite Element des heutigen Tages. Eingerichtet wurde dieser Lehrpfad durch Meteo Schweiz, die einstige Meteorologische Zentralanstalt, unter dem Motto «Wetter ist immer und überall».

Für die heutige Wanderung zum Lauenensee haben wir bei Meteo Schweiz strahlenden Sonnenschein bestellt, sodass wir auf der schattenlosen Krete der Höhi Wispile an der 2000-Meter-Grenze bald Bekanntschaft mit dem feurigen Element machen, den intensiven Strahlen unseres Tagesgestirns nämlich. Wie die Sonne den ganzen Wetterkreislauf antreibt und steuert, ist übrigens auf den Tafeln längs des Lehrpfades anschaulich erklärt. Auch die Beziehung zwischen Mensch und Klima wird behandelt: Im Gebirge sind Bauern wie Touristen ja besonders von der Witterungsgunst abhängig.

Dass die Berglandwirtschaft im Berner Oberland lebendig geblieben ist, können wir entlang der Wanderroute südwärts auf Schritt und Tritt erkennen: Nicht weniger als 90 Alpen werden im Saanenland bewirtschaftet. Der Wechsel von Kalkgestein und Schiefer schafft nämlich fruchtbare Böden, und je nach Untergrund ist auch unser Weg hart oder weich – die Erde als viertes Naturelement hat unsere Aufmerksamkeit geweckt.

Ein langsam verlandender Bergsee

Unterwegs auf der Krete der Höhi Wispile und beim Abstieg zum Passübergang der Chrine zwischen Lauenen und Gsteig geht der Blick immer wieder zur Bergkulisse am südlichen Horizont. Rechter Hand erhebt sich das Massiv der Diablerets, der «Teufelsberge». In der geraden Fortsetzung des Wispilegrates ragt das Spitzhorn in den Himmel, mit seiner senkrecht abfallenden Nordwand ähnelt es dem Eiger. In der Senke zwischen Geltenhorn und dem 3247 Meter hohen Wildhorn liegt der Geltengletscher, dessen Schmelzwasser den Geltenschuss im Tal hinter dem Lauenensee

speist, einen der schönsten Wasserfälle in den Berner Alpen. Weiter gegen Osten schiebt sich dann die ebenfalls vergletscherte Wildstrubelgruppe ins Bild, im Vordergrund begrenzt vom Lauenenhorn mit dem Wasserngrat.

Nach kurzer Gegensteigung über den Chrinepass wird der Lauenensee sichtbar, womit wir zum wässrigen Element zurückgekehrt wären. Die Gesteine der Zuflüsse und absterbendes Pflanzenmaterial bewirken, dass der See allmählich verlandet und die früher zusammenhängende Wasserfläche heute in zwei getrennte Seebecken aufgespalten ist. Die Uferzonen der beiden Gewässer auf

Langsam verlandet der Lauenensee und wird dadurch zum wertvollen Biotop für feuchtigkeitsliebende Pflanzen.

1381 m ü. M. sind zum grössten Teil sumpfig und stehen, wie der Lauenensee selbst, unter Naturschutz. Hier findet man eine vielfältige Pflanzen- und Tierwelt, ein «ökologisches Bijou», wie Biologen schwärmen. Sie haben in den feuchten Matten um den See zwischen der unübersehbaren Fülle von Riedgräsern die seltene Arktische Binse entdeckt. Auch das Fleisch fressende Fettblatt kommt in diesem Biotop vor und lockt mit seinem klebrigen Saft arglose Insekten an. Weitere Insektenfänger sind Erdkröten und Grasfrösche, für die der Lauenensee ein überlebenswichtiger Laichgrund in der an stehenden Gewässern sonst recht armen Region darstellt. Regelmässig brüten im Uferschilf Blässhühner und Stockenten, während sich elegante Graureiher und flinke Libellen den Luftraum teilen.

Büschelweise Binsen: Studienobjekt für Biologen oder Fotomotiv.

Gerettete Wasserfälle

Rund um den Lauenensee führt ein Spazierweg. Aus den beiden Becken – das grössere ist 500 Meter lang und 200 Meter breit – strömt das Wasser durch den Seebach zum Louibach, der bei Gstaad in die Saane mündet. Ihrer Schönheit wegen figuriert die ganze Gegend im Bundesinventar der Landschaften und Naturdenkmäler von nationaler Bedeutung (BLN). Zu Fuss eine Stunde südlich des Sees stürzt sich der Geltenschuss über eine Felswand. Dieser Wasserfall erinnert an die Anfänge des Landschaftsschutzes in den Alpen, denn hier

wehrte sich die einheimische Bevölkerung schon 1956 erfolgreich gegen die Absicht der Elektrizitätswirtschaft, den Geltenbach für die Stromgewinnung trockenzulegen. Ein Jahr darauf wurde das Tal unter Naturschutz gestellt. Näher beim Lauenensee als der Geltenschuss liegt der zweite der geretteten Wasserfälle, der von Südosten mündende Tungelschuss, dessen monoton diskretes Rauschen unseren Uferrundgang begleitet.

Die saisonale Postautoverbindung vom Lauenensee nach Gstaad beginnt Anfang Juli und dauert bis in den Oktober hinein. Auch die Betriebszeiten der Wispile-Gondelbahn richten sich nach diesen Daten. Wer die Wanderung früher oder später unternimmt, muss den Grat erklimmen und zum Schluss eine weitere Wanderstunde vom See bis zur ganzjährig bedienten Postautohaltestelle im Dorf Lauenen in Kauf nehmen.

Vor dem Zugriff der Elektrizitätswirtschaft gerettet: Die Wasserfälle am Lauenensee stehen unter Naturschutz.

Von Plaffeien zum Schwarzsee

Aussichtsberg im Senseland

Route Plaffeien–Holler–Hapferen–Schnuzbart–Im lengen Stutz–
Lehmas Bärgli–Blösch–Gross Schwyberg–Hohi Schwyberg–
Hapferen Schwyberg–Schatters Schwyberg–Sesselbahn-
Bergstation Schwyberg–Guglervorsass–Schwarzsee Bad–
Seerundweg zur Gypsera.

Anreise Mit den SBB nach Fribourg (□ 280). Von dort mit dem
Regionalbus TPF nach Plaffeien (250.67).

Rückreise Von der Haltestelle Gypsera am Nordufer des Schwarzsees
mit dem TPF-Bus nach Fribourg (□ 250.62).

Wanderzeit 6 Stunden mit 800 Meter Steigung und 600 Meter Gefälle.

Variante Vom Schwyberg mit der Sesselbahn hinunter nach Schwarzsee Bad, 1½ Wanderstunden weniger (□ 2036, Mitte Juni
bis Mitte Oktober).

Karten Landeskarte der Schweiz 1:25 000, Blätter 1206 «Guggis-
berg» und 1226 «Boltigen».

Gaststätten Plaffeien, Sesselbahn-Bergstation Schwyberg, Schwarzsee
Bad, Gypsera.

Jahreszeit Frühsommer bis Spätherbst.

Feuchtes Terrain
am Schwarzsee

Zwölf Gewässer mit der Bezeichnung Schwarzsee (oder Lac Noir, Lago Nero, Lej Nair) gibt es in der Schweiz. Allein fünf davon liegen im Kanton Graubünden. Der bekannteste Schwarzsee hingegen findet sich in den Freiburger Alpen an der Sprachgrenze zwischen Deutsch und Französisch, weshalb er auch Lac Noir heisst. Kaum mehr gebraucht wird dagegen sein zweiter französischer Name: Lac Domène. Der zweieinhalb Kilometer lange, einen Kilometer breite und bloss maximal zehn Meter tiefe See auf 1046 m ü. M. ist das Ziel einer aussichtsreichen Wanderung über den Schwyberg (früher Schweinsberg geschrieben). Die Tour stellt keine alpinistischen Ansprüche und verlangt einzig in der Gipfelregion auf 1640 m ü. M. beim Passieren der Krete mit ihrem Steilabfall einige Vorsicht.

Unerlässlich allerdings sind Ausdauer und gute Schuhe, denn das Terrain am Alpenrand ist feucht. Dafür gibt es zwei Gründe: Erstens veranlassen hier die Berge die von Westen heranziehenden Regenwolken zum Aufsteigen, worauf sie abgekühlt werden und Niederschläge freisetzen. Zum Zweiten besteht der Untergrund der Schwybergkette aus Flysch, einem schiefrigen, stark tonhaltigen Gestein, das viel Wasser festhält. Auf dem Flysch gedeihen moos- und flechtenreiche Nadelforste von zuweilen

Wenn Nebelschwaden den Schwarzsee umhüllen, glaubt man hier gerne an unheimliche Sagen.

fast urwaldartigem Charakter, weiter oben an der Baumgrenze werden sie abgelöst durch oft sumpfige Alpweiden.

Steinpilze und Bernstein

Der Ausgangsort Plaffeien ist von Fribourg aus mit der Regionalbuslinie TPF (Transports publics fribourgeois, früher GFM) und guten Verbindungen in einer halben Stunde erreichbar. Dann beginnt durch dichten Wald mit eindrücklichen Baumriesen der Anstieg in südlicher Richtung auf den Schwyberg. Die feuchten Wälder um Plaffeien sind wegen ihres Pilzreichtums berühmt; hier gibt es vor allem Steinpilze auch dann noch reichlich, wenn ein trockener Sommer die Schwämme anderswo am Wachstum gehindert hat.

Noch aus einem anderen Grund lohnt es sich, während der Wanderung die Blicke bodenwärts zu richten. Im Flysch kommen nämlich Bernsteinlinsen vor. Diese Einsprengsel von versteinertem Harz in Zentimetergrösse erreichen zwar nicht die Schmuckqualität der legendären Bernsteine von der Ostseeküste, sind aber doch ein hübsches Andenken an die Tour zum Schwarzsee/Lac Noir.

Die Lage des lang gestreckten Schwybergs am Alpenrand erlaubt auch ausgedehnte Rundblicke. Im Norden reicht das Panorama über das ganze Mittelland bis zum Jura, während im Süden die Kette der Freiburger Alpen zwischen Kaiseregg und Moléson den Horizont dominiert.

Rutschende Hänge

Naturnahe Wälder, Alphütten, eindrückliches Panorama, reine Bergluft, Ruhe – auf dem Schwyberg ists wahrhaft himmlisch! Umso erstaunlicher daher die Flurbezeichnungen Höllbach und Hölli an unserer Wanderroute. Die Namen haben jedoch nichts mit Satans Reich zu schaffen, sondern leiten sich vom Dialektwort «heel» für «feucht» her. Im Geländetrichter, den der Höllbach geschaffen hat, sind überall Anrisse von Rutschungen im wassergetränkten Flyschgestein zu erkennen. Ein solcher Erdrutsch zerstörte unlängst die Ferienhaussiedlung von Falli Hölli. Weil die Hangbewegung zum Glück nur langsam erfolgte, konnten sich alle Menschen retten, bevor ihre Chalets von den talwärts wandernden Massen zerdrückt wurden. Der Höllbach markiert übrigens die Sprachgrenze und ist der Röstigraben zwischen Deutschschweiz und Romandie.

Bei der Bergstation der Sesselbahn hinunter zum Schwarzsee Bad wird das dunkle Gewässer sichtbar. Wer es kaum erwarten kann, das Wanderziel aus der Nähe zu erleben, lässt sich in 18 Minuten hinuntertragen. Die knapp zwei Kilometer lange Sesselbahnfahrt erspart einen rund anderthalbstündigen Abstieg mit 600 Höhenmetern.

Bannfluch gegen Schlangenplage

Peter Schouwey, ein Fischer, entdeckte 1783 über dem Westufer des Schwarzsees eine Schwefelquelle. Dieses Heil-

Bei Sonnenschein hingegen strahlt der Lac Noir, wie ihn die Romands nennen, eine heitere Ruhe aus.

wasser machte das Schwarzsee Bad im 19. Jahrhundert zum viel besuchten Kurzentrum bei Rheumatismus, Leberleiden und Hautausschlägen. Neben den Behandlungen in dem nach faulen Eiern riechenden Wasser dürften auch die Spaziergänge rund um den lieblichen See und in dessen gebirgiger Umgebung zur Genesung beigetragen haben.

Der See ist reich an Fischen, namentlich Forellen, Hechten, Karpfen und Scheien. Umstritten ist, ob im Gewässer auch Seeschlangen vorkommen. Jedenfalls geht die Legende, ein Mönch aus dem Kloster Hauterive sei von den Sennen zu Hilfe gerufen worden, weil die Kriechtiere das Vieh vergiftet hätten. Der fromme Mann habe dann die Schlangenbrut mit einem Bannspruch in den See getrieben. Eine weitere Hirtensage will wissen, wenn man kranke Kühe aus dem Unterland auf die Weiden rund um den Schwarzsee bringe, würden sie hier entweder rasch eingehen oder nach kurzer Zeit gesunden.

Eine andere Erzählung aus alter Zeit befasst sich mit der Entstehung des Schwarzsees. Einst sei, wo sich heute die Gipfel der Freiburger Alpen im stillen Wasser spiegeln, der Talgrund von fruchtbaren Weiden bedeckt gewesen.

Zwerge und Menschen, Gämsen und Kühe lebten in friedlicher Eintracht miteinander. Doch der Besitzer des Geländes, ein gewisser Ubald, habe Gott gelästert, worauf zur Strafe ein Bergsturz von der Kaiseregg niederging. Die Barriere aus Gestein staute dann den Schwarzsee auf. Tatsächlich vermuten Geologen, ein prähistorischer Bergsturz habe das Seebecken geschaffen, dessen flaches, sumpfiges Westufer nun langsam verlandet.

Gips von der Warmen Sense

Unser Rundgang um den See führt zum steileren Ostufer, wo sich hübsche Badeplätzchen finden. Das Wasser ist bis in den Herbst hinein angenehm warm, und der Name Warme Sense für das Flüsschen, das am Nordende bei der Gypsera aus dem See fliesst, kommt gewiss nicht von ungefähr. Bei der Gypsera wurde früher ein Gipssteinbruch betrieben, wo Baumeister ihr Material und Bauern Naturdünger für die Felder bezogen. Eine Zone von schwefelhaltigem Gipsgestein zieht sich durch die ganze Region und führte zum Entstehen einer Reihe voralpiner Heilbäder, vom Gurnigel Bad über das Schwefelberg Bad bis zum Schwarzsee Bad.

Der Lac de l'Hongrin

Perle der Waadtländer Alpen

Route Rossinière–Lac du Vernex–Les Siendreys–La Chaudanne–
Le Crêt–Le Recardet–Les Siernes–Col de Sonlomont–Le
Croset–Lac de l'Hongrin–Staumauer–Hongrin-Schlucht–
Preise au Maidzo–Cuvigne Derrey–Pra du Pont–Montbovon.

Anreise Mit der Montreux-Oberland-Bahn MOB von Spiez via
Zweisimmen oder von Montreux via Montbovon nach
Rossinière (□ 120).

Rückreise Von Montbovon mit der MOB via Zweisimmen nach Spiez
oder nach Montreux (□ 120). Oder mit dem Zug der freiburgischen Verkehrsbetriebe TPF nach Bulle (□ 256) und
mit dem TPF-Autobus weiter nach Fribourg (250.50).

Wanderzeit 6 Stunden mit 750 Meter Steigung und 850 Meter Gefälle.

Variante Am Lac de l'Hongrin statt westwärts zur Staumauer Richtung Osten zum Seeanfang bei Pâquier Clavel und dann
den Hongrin-Fluss entlang aufwärts nach La Lécherette
wandern, etwa 2 Stunden weniger. Von dort mit dem Postauto nach Château-d'Oex (□ 124.10) an der MOB-Eisen-
bahnlinie (□ 120).

Karten Landeskarte der Schweiz 1:25 000, Blätter 1245 «Château-
d'Oex» und 1265 «Les Mosses».

Gaststätten Unterwegs keine, Restaurants am Ende der Wanderung in
Montbovon bzw. La Lécherette.

Jahreszeit Mai bis November.

Vielarmiger Lac de l'Hongrin

Die Waadtländer Alpen sind verhältnismässig arm an natürlich entstandenen Bergseen. Der Grund dafür liegt in der Geologie: Weil diese Berge vor allem aus Kalk bestehen, pflegt das Regen- oder Schneeschmelzwasser im klüftigen Gestein zu versickern. Das mit Abstand grösste Gewässer in den Alpes vaudoises ist denn auch ein Stausee: der fast drei Kilometer lange und maximal 105 Meter tiefe, seit 1969 bestehende Lac de l'Hongrin im Süden des Saanetals bei Château-d'Oex.

Damals waren die grossen Talsperren der Schweizer Alpen bereits erstellt, trotzdem wurde selbst ein so bescheidenes Flüsschen wie der vom Col des Mosses westwärts der Saane entgegenfliessende Hongrin hinter einer Doppelbogenmauer gestaut. Der vielarmige Lac de l'Hongrin liegt nun als blaugrüne Offenbarung in seiner Senke zwischen graugrünen Bergen und ist ein hübsches Ausflugsziel.

Unsere Wanderung beginnt im Tal der jungen Saane – der Sarine, wie die Einheimischen im Waadtländer Oberland, dem Pays d'Enhaut, sie nennen. Dieser lange Zeit etwas vernachlässigte Talabschnitt zwischen dem bernischen Weltkurort Gstaad und dem freiburgischen Greyerzerland hat den sanften Tourismus entdeckt und spielt nun die Trümpfe einer harmonischen Natur- und Kulturlandschaft aus. Im Gegensatz zu anderen Regionen der Schweizer Alpen, wo sich Massive wie Mauern erheben, ist die Abfolge von Bergen und Tälern im Waadtland durch eine grosszügige Weite geprägt. Wer also im Urner- oder Glarnerland an Platzangst leidet, dürfte sich im Pays d'Enhaut wohler fühlen. Harmonische Weite prägt denn auch die Uferregion um den Lac de l'Hongrin: Sie erinnert nicht an norwegische Fjorde mit felsigen Steilwänden, sondern eher an die lieblich-sanfte Finnische Seenplatte.

Alpweiden und Berge ringsum

Die Wanderung zum Lac de l'Hongrin beginnt bei der Bahnstation Rossinière wenig westlich von Château-d'Oex. Hier halten alle Regional- und auch einige Schnellzüge der schmalspurigen Montreux-Oberland-Bahn MOB. Nach wenigen Schritten Richtung Süden überqueren wir die Sarine/Saane. An dieser Stelle verbreitert sich der Fluss zum Lac de Vernex. Auch dieser See ist ein Stausee; die Mauer steht am westlichen Ende, wo sich das breite Tal schluchtartig verengt. Später am Tag werden wir sehen, dass man sich beim Lac de l'Hongrin genau die gleiche Geländeeigenschaft für das Aufstauen zu Nutze gemacht hat. Man staute das Gewässer dort, wo die Felswände nahe zusammenrücken.

Der Aufstieg zum Col de Sonlomont führt durch die heile Welt der Waadtländer Sennen mit Kühen auf saftigen, von reichlich Regen begossenen Weiden und Parzellen dichten Bergwaldes da-

Der Lac de l'Hongrin mit seiner Bogenmauer ist ein noch junges Staugewässer in den Waadtländer Alpen.

zwischen. Auf dem Pässchen bei 1503 m ü. M. öffnet sich der Blick über den Lac de l'Hongrin und die ihn umgebenden charakteristischen Gipfel. Bei aller lieblichen Weite der Landschaft befinden wir uns doch in den Alpen. Die höchsten Erhebungen, obwohl nur wenig über die 2000-Meter-Grenze ragend, zeigen die typischen Formen schroffer Kalkberge. Von links nach rechts sind es die Gruppe um den Mont d'Or, die an einen erstarrten Vulkanschlot erinnernde Tour de Famelon und schliesslich die dem Aussichtspunkt der Rochers-de-Naye vorgelagerte Pointe d'Aveneyre.

Durch die Hongrin-Schlucht

Der Lac de l'Hongrin zeigt, wie jeder Stausee im Gebirge, im Verlauf des Jahres grosse Schwankungen im Wasserstand. Seine maximale Höhe, 1255 m ü. M., erreicht er im Herbst. Im Frühling und Sommer, wenn er nur teilweise gefüllt ist, besteht das Ufer aus einem Saum von Geröll, in dem noch die Wurzelstöcke des dem See zum Opfer gefallenen Waldes sichtbar sind. Der aus sechs grösseren und kleineren Armen bestehende See enthält 53 Millionen Kubikmeter Wasser und umfasst 1,6 Quadratkilometer. Sein Südufer gehört zu dem vor allem durch Panzertruppen genutzten Schiessplatz Petit Hongrin und darf nur betreten werden, wenn dort keine militärischen Übungen stattfinden. Unsere Wanderroute hingegen verläuft am Nordufer zur Staumauer aus

Beton mit ihrem imposanten Doppelbogen. Ihre Kronenlänge beträgt 325 Meter, die Höhe spektakuläre 125 Meter. Wer den Blick vom See wegwendet, wo die Fische ungestört sind, denn das Angeln von der Mauer aus ist verboten, erkennt in Gegenrichtung die Fortsetzung des Wegs durch die Hongrinschlucht.

Hier ist der Boden karger als um den Col de Sonlomont, und etliche Weiden werden nicht mehr von Milchkühen, sondern nur noch von Ziegen genutzt. Etliche der munteren Tiere haben die tief heruntergezogenen, schindelbedeckten Dächer der Alphütten als Kletterreviere entdeckt, sehr zum Ärger der Alpbesitzer, die sich um die finanziellen Folgen solchen Treibens Sorgen machen. Bei der Dachreparatur kostet jeder Quadratmeter Holzschindeln («tavaillons») 125 Franken.

Mitten in der Hongrin-Schlucht, bei Preise au Maidzo, zweigt ein Wanderweg zu den Rochers-de-Naye hinauf ab – eine Variante für Wagemutige, die jetzt noch einen Steilanstieg über 1000 Höhenmeter auf verkrauteten Waldwegen und über steinige Alpweiden in Angriff nehmen möchten (Landeskarte Blatt 1264 «Montreux»). Vom Aussichtspunkt am Alpenrand über dem Genfersee (2041 m ü. M.) führt dann eine Zahnradbahn hinunter nach Montreux (□ 121).

Unsere Route zweigt bei der waadtländisch-freiburgischen Kantonsgrenze gegen Nordwesten vom Strässchen

Munter hüpfen die Ziegen über das Schindeldach, nicht gerade zur Freude des Besitzers der Alphütte.

durch die Schlucht ab und führt mit anfänglich einiger Steigung und dann in gemächlichem Gefälle dem Tagesziel Montbovon im Saanetal entgegen. Die gute Wegmarkierung hilft über die Schwierigkeit hinweg, dass hier gleich vier Blätter der Landeskarte 1:25 000 aneinander stossen. Hübsch anzuschauen ist der am Wegrand immer wieder auftretende tiefrote Mergelfels, doch leider verwandelt er sich beim Verwittern in einen Lehmgrund, der bei feuchter Witterung gleich pfundweise an den Schuhen kleben bleibt.

Etang de la Gruère bis Etang de Bollement

Drei Hochlandseen in den Freibergen

Route La Theurre bei Saignelégier–um den Etang de la Gruère–La Petite Theurre–Gros Bois Derrière–Petit Bois Derrière–Chez le Roi–Les Montbovats–Pré Petitjean–Plain de Saigne mit Stausee–La Combe–Côte d'Oye–Etang de Bollement–Bollement.

Anreise Mit den Chemins de fer du Jura CJ von La Chaux-de-Fonds oder Glovelier nach Saignelégier (□ 236) oder von Tavannes nach Tramelan (□ 237). Von Saignelégier oder Tramelan mit dem Postauto nach La Theurre (□ 237.15).

Rückreise Von Bollement (□ 236, Halt auf Verlangen) mit dem CJ-Regionalzug nach Glovelier oder Saignelégier.

Wanderzeit 4 Stunden mit häufigem leichtem Auf und Ab.

Variante Wanderung von Bollement weiter nach St-Brais und von dort mit dem Autobus nach Saignelégier oder Glovelier (□ 236.10), ½ Stunde mehr.

Karte Landeskarte der Schweiz 1:25 000, Blatt 1105 «Bellelay».

Gaststätten La Theurre, Pré Petitjean, La Combe (bei Variante auch St-Brais).

Jahreszeit Frühling bis Spätherbst.

Torfabbau und Staudämme

Die Freiberge oder Franches Montagnes im Kanton Jura sind ein seltsames Gebirge: Zwischen 1000 und 1200 m ü. M. erhebt sich ein sanft gewelltes Hochland, durchzogen von bewaldeten Kämmen. Der kalkige Untergrund, der am Hang dieser Rippen zu Tage tritt, lässt das meiste Wasser versickern. Trotz reichlicher Niederschläge, im Winter als Schnee, gehören die Freiberge deshalb zu den trockensten Regionen der Schweiz. Manche der abgelegenen Einzelhöfe sammeln noch heute den Regen von den Dächern in Zisternen.

Zu den seltenen Oberflächengewässern zählen einige kleine Moorseen, Etangs genannt. Sie liegen in Senken mit lehmigem Untergrund und sind auf natürliche Weise entstanden, aber durch menschliche Eingriffe verändert worden. Ursprünglich bedeckten die meisten von ihnen eine weit grössere Fläche als heute. Verlandungsprozesse liessen sie im Verlauf der Jahrhunderte schrumpfen, wobei sich in den seichten Uferzonen zuerst Flachmoore und später auch Hochmoore entwickelten.

Torfgewinnung und Aufstau zur Energiegewinnung haben diese spezielle Form von Bergseen, die heute unter Naturschutz stehen, vor dem völligen

Der Naturlehrpfad am Etang de la Gruère zieht viel Volk an, was dem Biotop ziemlich zusetzt.

Verschwinden bewahrt: Durch den Abbau des Brennmaterials Torf entstanden neue Hohlräume, wo sich das Wasser sammeln konnte, während künstlich errichtete Dämme den Seespiegel weiter ansteigen liessen.

Naturlehrpfad am Etang de la Gruère

Der Etang de la Gruère fünf Kilometer südöstlich von Saignelégier ist mit 40 Hektar Oberfläche der grösste Moorsee der Schweiz. Zusammen mit den ihn umgebenden Sümpfen und Hochmooren bildet er ein einmaliges, weit gehend geschütztes Biotop und ist zugleich ein beliebtes Ausflugsziel. 100 000 bis 150 000 Leute zieht es jährlich an die Ufer des vielarmigen Gewässers. Die Zahlen schwanken je nach Witterung und sind ohnehin Schätzungen, da zum Besuch dieser Naturlandschaft keine Eintrittskarten verkauft werden.

Jedenfalls bedeuten solche Massen eine Belastung für das Feuchtgebiet, und Botaniker, denen die Erhaltung der sensiblen Pflanzenwelt am Herzen liegt, sprechen denn auch von Stress. Um die sumpfigen Uferzonen rund um das bräunliche Moorgewässer zu schonen, wurde ein Rundweg aus Holzknüppeln angelegt. Dieser Rundgang dient gleichzeitig als Naturlehrpfad und vermittelt erdgeschichtliches, biologisches sowie ökologisches Wissen. So erfährt man etwa, dass der auf 1000 m ü. M. gelegene See am Ende der letzten Eiszeit vor rund 13 000 Jahren entstand, dann durch Verlandung stetig an Ausdehnung verlor und erst 1650 wieder an Fläche und Volumen gewann, als er aufgestaut wurde. Heute fasst er 160 000 Kubikmeter Wasser.

Betrieb von Mühle und Sägerei

Der Damm am Etang de la Gruère ermöglichte den Betrieb einer Mühle, denn die Einheimischen bauten damals noch ihr eigenes Korn an. Als dann mit der Verbesserung der Verkehrswege der Getreideanbau in den klimatisch rauen Freibergen aufhörte, diente die Wasserkraft des Etang bis 1952 zum Antrieb einer Sägerei. Der Staudamm aus Erde am Südostzipfel des Gewässers ist nur 80 Meter lang und vollständig bewachsen, sodass er sich gut in die grüne Wald- und Weidelandschaft einfügt. Der Torfabbau am Etang de la Gruère wurde 1943, also noch während des Zweiten Weltkriegs, eingestellt. Auch Fische wurden im See ausgesetzt, denn er hat keine oberirdische Verbindung mit anderen Gewässern, und es scheint, dass sich im torfig-sauren Wasser Hecht und Egli, Karpfen und Schleie recht wohl fühlen.

Da wir auf unserer Moorseen-Wanderung im Jura relativ früh am Tag an den Etang de la Gruère kommen, sind die Chancen für einen ungestörten Naturgenuss ziemlich gut, denn der eigentliche Touristenansturm setzt erst gegen Mittag ein. Die Wanderung zu den nächsten Gewässern führt dann in allgemein nördlicher Richtung nach Pré Petitjean an der schmalspurigen Eisenbahnlinie von Glovelier nach Saignelégier. Hier wendet sich die Route gegen Osten und erreicht bald die Moorlandschaft von Plain de Saigne mit dem gleichnamigen Etang.

«Roue de Bollement», ein geflügeltes Wort

Auch dieses Seelein entstand durch Torfabbau, kombiniert mit dem Aufstau zur Energiegewinnung. Um das Gefälle des Wassers zu vergrössern, wurde die 1614 erbaute Mühle unterirdisch angelegt. Kürzlich ist sie restauriert worden:

Auf einem Eisengitter stehend, blickt man in einen neun Meter tiefen, jetzt allerdings trockenen Schacht, wo einst das Wasser aus dem Etang die Antriebsräder in Betrieb setzte.

Langsam ändert sich nun das Landschaftsbild, und in die Hochfläche der Franches Montagnes schneidet sich die Waldschlucht der Combe Tabeillon ein. So paradox das klingt: Je tiefer sich das Terrain senkt, desto gebirgiger erscheint die Landschaft. Bei Bollement wird das Flüsschen Tabeillon, eigentlich bloss ein Bach, zu einem kleinen See gestaut, dem dritten Etang des heutigen Tages. Auch hier stand einst eine Getreidemühle, von

Auch im Winter, wenn der Moorsee zugefroren ist, ist der Etang de la Gruère ein beliebtes Ausflugsziel.

Durch Torfabbau entstanden: der kleine See von Plain de Saigne am Beginn der schluchtartigen Combe Tabeillon.

der aber nur noch die Grundmauern stehen und daneben noch die alten Mühlsteine. Auch der Damm blieb erhalten. Obwohl ein Oberflächengewässer den Etang de Bollement speist – in den Freibergen ein seltener Umstand –, erwies sich die Energiegewinnung nach trockenen Sommern als Zitterpartie: Oft war so wenig Wasser verfügbar, dass das Mühlrad immer wieder stillstand. Im Jura wurde dieses «roue de Bollement» daher zum geflügelten Wort und bezeichnet noch heute eine Angelegenheit, die nur mühsam vorankommt. Mit Mühen verbunden, doch zum Glück nur kurz ist zum Schluss nun auch der steile Aufstieg zur Bahnstation von Bollement im Westen über der Schlucht.

Der Lac des Taillères bei La Brévine

Nordische Landschaft im Neuenburger Jura

Route La Brévine–La Bonne Fontaine–Chez Guenet–L'Armont de Bise–Le Bout du Lac–Südufer des Lac des Taillères–Les Cottards de Vent–Les Fontenettes–La Baume–Les Econduits–Petit Bayard (Les Bayards)–Haut de la Tour–Route de la Chaîne–La Ferrière/Source de l'Areuse–St-Sulpice–Fleurier.

Anreise Mit den SBB von Neuchâtel nach Fleurier (☐ 221) oder von Neuchâtel (☐ 223) oder Biel (☐ 225) via La Chaux-de-Fonds nach Le Locle. Mit dem Postauto/Publicar von Fleurier (☐ 221.15) oder von Le Locle (☐ 223.25) nach La Brévine.

Rückreise Von Fleurier mit den SBB durchs Val de Travers nach Neuchâtel (☐ 221).

Wanderzeit 5–6 Stunden mit 200 Meter Steigung und 500 Meter Gefälle.

Variante Von St-Sulpice mit dem Autobus nach Fleurier (☐ 221.10), erspart die letzte halbe Stunde zu Fuss auf Asphalt.

Karten Landeskarte der Schweiz 1:25 000, Blätter 1162 «Les Verrières» und 1163 «Travers».

Gaststätten La Brévine, Les Bayards, St-Sulpice, Fleurier.

Jahreszeit Frühling bis Herbst.

Im Gegenlicht des Nachmittags: der Lac des Taillères in nordisch anmutender Landschaft.

Verlandender Lac des Taillères

Wer das Hochtal von La Brévine im Neuenburger Jura besucht, fühlt sich fast wie in Finnland: ein hoher Himmel über der weiten, dünn besiedelten Landschaft, melancholische Moore zwischen stillen Tannenwäldern – und der Lac des Taillères, der an die Gewässer der Finnischen Seenplatte erinnert. Wegen der tiefen Wintertemperaturen drängt sich auch der Vergleich mit Sibirien auf, denn hier in La Brévine befindet sich auf 1043 m ü. M. einer der Schweizer Kältepole. Wenn das Thermometer bis auf minus 30 Grad oder darunter sinkt, verwandelt sich die Oberfläche des schmalen, anderthalb Kilometer langen Sees zur Freude der Schlittschuhläufer in eine tragfähige Eisfläche.

Der Lac des Taillères liegt in einer mit Lehm ausgekleideten Mulde. Sein Wasser versickert im Untergrund und kommt erst in der Areusequelle bei St-Sulpice wieder ans Tageslicht. Ursprünglich, das heisst vor etlichen Jahrtausenden, bedeckte der See fast das ganze Tal von La Brévine, doch indem Seitenbäche Sand, Schlamm und Steine einschwemmten, wurde das Becken nach und nach aufgefüllt. Zur Verlandung trugen auch abgestorbene Wasserpflanzen bei, deren Biomasse sich am Seegrund anhäufte. So rückten die Ufer immer weiter vor – ein Prozess, der bis heute weitergeht, sodass irgendwann in absehbarer Zeit der durchschnittlich nur vier Meter tiefe See ganz verschwinden dürfte.

Hochmoor unter Naturschutz

Geniessen wir also die nordische Landschaft im Neuenburger Jura rund um den Lac des Taillères, solange es ihn noch gibt. Für die Wanderung vom Dorf La Brévine zum See wählen wir nicht die Strasse durchs Hochtal, sondern schlagen einen Bogen nach Norden. So können wir dem Verkehr ausweichen und erhalten gleichzeitig einen guten Einblick ins ehemalige Seebecken.

Beim stufenweisen Verlandungsprozess von der offenen Wasserfläche über ein Flachmoor zum Hochmoor bildeten die abgestorbenen Pflanzen, hauptsächlich das Torfmoos Sphagnum, im Laufe der Zeit meterdicke Torfschichten. Grosse Teile dieser in trockenem Zustand hellbraunen, bei Feuchtigkeit aber dunklen Torflagen sind inzwischen als Brennmaterial abgebaut worden. Dabei hat man gleichzeitig Kulturland für Ackerbau und Viehzucht gewonnen. Heute stehen die Reste des Hochmoors von La Brévine unter Naturschutz. Ähnliche Verhältnisse finden sich übrigens auch im Tal von Les Ponts-de-Martel zehn Kilometer weiter östlich, wo der einstige See aber schon völlig verlandet ist.

Kalt im Winter, warm im Sommer

Die Wanderung am Südufer des Lac des Taillères gibt vielleicht Gelegenheit, mit einem Fischer zu plaudern, der hier in einer Umgebung, wie man sie sich erholsamer kaum vorstellen kann, seine Angelrute ins Wasser hält. Bis zu einem

Hochmoor mit urtümlicher Vegetation im Tal von La Brévine: Dank des Naturschutzes ist es uns erhalten geblieben.

halben Meter lange Hechte hat man hier schon gefangen, ausserdem Egli und die weniger begehrten Weissfische. Von Anfang Mai bis Ende Oktober dauert die Fischereisaison, denn wenn mit der Bise die Kälte ins Tal kommt, friert der See meist schon im November vor dem ersten Schneefall zu. Bei winterlichen Hochdrucklagen bleibt die eisige Luft unbeweglich in der Senke liegen, und die Meteorologen sprechen dann von einem Kältesee.

Auch das Wasser im Lac des Taillères bleibt lange im Seebecken gefangen, sodass es sich an schönen Sommertagen bis auf 27 Grad erwärmt. Die Entwässerung erfolgt, wie erwähnt, unterirdisch. Zwischen der Versickerungsstelle im See und dem Quelltopf der Areuse rund sechs Kilometer weiter südlich im Val-de-Travers besteht ein Gefälle von fast 250 Metern. Für den unterirdischen Lauf durch zerklüftete Kalkgesteinsschichten benötigt das Wasser, wie Färbversuche ergeben haben, etwa zwölf Tage – es sei denn, nach Gewittern mache das Hochwasser Druck, sodass sich die Laufzeit auf zwölf Stunden verkürzt.

Abstieg zur Areusequelle

Auch wir machen uns nun auf zur Areusequelle (Source de l'Areuse), allerdings oberirdisch und in einigem Zickzack durch einsame Wälder, bis wir die Stras-

Wer im Jura wandert, hofft, unterwegs auf den parkartigen Waldweiden Pferde anzutreffen.

se erreichen, die das Val-de-Travers mit dem Grenzort Les Verrières und weiter mit Pontarlier in Frankreich verbindet. Beim Weiler Haut de la Tour beginnt der Abstieg in den Felszirkus von St-Sulpice, wo die Areuse entspringt. Dabei folgen wir dem alten, in den Steilhang gekerbten Weg, der nun für Motorfahrzeuge gesperrt ist. Sein Name «Route de la Chaîne» (Kettenstrasse) erinnert an die Eisenkette, mit der sich früher bei Gefahr der Zugang zum Val-de-Travers abriegeln liess.

Die aus dem Lac des Taillères und anderen Versickerungsstellen gespeiste Areuse wird an ihrem Oberlauf zwischen der Quelle und St-Sulpice seit dem Mittelalter zur Energiegewinnung genutzt. Kaum aus dem Felsentor, wird das Wasser ein erstes Mal gestaut – heute zur Erzeugung von Elektrizität in einem kleinen Kraftwerk, früher zum Antrieb von Mühlen und Sägewerken. Ein kurzer, instruktiver Lehrpfad erklärt die verschiedenen Anlagen an dieser Schlüsselstelle der Industriegeschichte und führt aus dem etwas düster wirkenden Kessel ins freundliche Juradorf St-Sulpice. Die einstige Bahnverbindung nach Fleurier, kaum zwei Kilometer lang, ist durch eine Buslinie ersetzt, doch unterhalten Dampflokfreunde in St-Sulpice ein Depot, von dem aus gelegentlich Nostalgiefahrten stattfinden.

Lac Brenet und Lac de Joux

Zwei Waadtländer Juraseen

Route Le Pont–Ufer des Lac Brenet bei Les Epinettes–Waldpfad auf dem Kamm von Les Revers nach Le Lieu–Uferweg am Lac de Joux über Les Esserts-de-Rive–Le Rocheray–L'Arcadie–La Golisse.

Anreise Mit den SBB von Lausanne Richtung Vallorbe bis Le Day (□ 200) und von dort weiter mit dem Regionalzug nach Le Pont im Vallée de Joux (□ 201).

Rückreise Von Solliat-Golisse (Halt auf Verlangen) mit der Bahn nach Le Day (□ 201) und weiter nach Lausanne (□ 200).

Wanderzeit 3–4 Stunden mit wenig Steigung und Gefälle.

Variante Von La Golisse aus Abstecher Richtung Norden in den urtümlichen Tannenwald Grand Risoux an der Grenze zu Frankreich, Route je nach Zeitbudget.

Karte Landeskarte der Schweiz 1:25 000, Blatt 1221 «Le Sentier».

Gaststätten Le Pont, Le Lieu, Ausflugsrestaurants und Sommerkioske am Uferweg nach La Golisse.

Jahreszeit Frühling bis Spätherbst; im Sommer Bademöglichkeit.

Unterirdische Wasserläufe und ihre Quelle

Zwei Seen verleihen dem lieblichen Hochtal des Vallé de Joux im Waadtländer Jura einen besonderen Reiz: der kleine Lac Brenet bei Le Pont und der ansehnliche Lac de Joux, der sich von Le Pont bis zum Sumpfgebiet am Oberlauf der Orbe zwischen Le Sentier und Le Brassus erstreckt. Während der heute neun Kilometer lange und bis zu 1200 Meter breite Lac de Joux einst noch grösser war und sich am Ende der Eiszeit bis in die Gegend von Le Brassus erstreckte, ist der Lac Brenet (nicht zu verwechseln mit dem Lac des Brenets am Doubs im Neuenburger Jura) erst durch künstlichen Aufstau im 13. Jahrhundert entstanden.

Nur eine schmale Landzunge bei Le Pont, Ausgangspunkt der gemütlichen Uferwanderung Richtung Südwesten, trennt den Spiegel des Lac de Joux auf 1004 m ü. M. von jenem des Lac Brenet auf 1002 m ü. M. Dem Auge verborgen bleibt der klüftige Untergrund der beiden Wannen: In zahlreichen Spalten des Kalkgesteins versickert das Seewasser und sucht sich im Untergrund auf verschlungenen Wegen einen Abfluss, denn der Bergriegel des Dent de Vaulion verunmöglicht die oberirdische Entwässerung. Tief im Erdinnern vereinigen sich die verschiedenen Wasseradern und treten schliesslich im Talkessel von Vallorbe ans Tageslicht. Dort, bei der Orbe-Quelle, liegt der Eingang zu den Grotten von Vallorbe, deren Gänge im Kalkfels während Jahrtausenden durch unterirdische Abflüsse aus dem Vallée de Joux geschaffen wurden. Etwa 50 Stunden ist, so haben Färbversuche gezeigt, das Wasser aus dem Lac de Joux unterwegs, bis es den Höhenunterschied von 230 Metern bis zur Quelle der Orbe zurückgelegt hat.

Seeeis zur Kühlung des Biers

Wie die meisten Gewässer in der Schweiz hat man auch die beiden Waadtländer Juraseen auf verschiedene Weise genutzt. Schon im Mittelalter setzten die Mönche des inzwischen aufgehobenen Prämonstratenserklosters von L'Abbaye am Ostufer des Lac de Joux Hechte aus. Diese haben sich in den vergangenen sieben Jahrhunderten prächtig vermehrt und bilden zusammen mit Egli und Forellen die kulinarischen Höhepunkte auf den Speisekarten der Uferrestaurants. Apropos Tafelfreuden: In Charbonnières am Lac Brenet werden Weinbergschnecken zu Zehntausenden gezüchtet.

Die Nutzung der Wasserkraft für die Elektrizitätsgewinnung begann 1903 mit dem Bau einer Druckleitung aus dem Lac Brenet. Um möglichst viel Wasser auf die Turbine zu leiten, wurden damals einige der natürlichen Versickerungstrichter am Seegrund verstopft.

Die strengen Winter im Vallé de Joux, wo das Thermometer auf unter minus 30 Grad sinken kann, begünstigen die

Le Pont, die grösste Ortschaft am Lac de Joux, ist Ausgangspunkt der gemütlichen Uferwanderung.

Soll mir ja keiner zu nahe kommen!

Eisbildung auf den Seen. Während des 19. Jahrhunderts gewannen die Einwohner bei Le Pont Eis zum Kühlen von Bier, das sich, durch Strohballen geschützt, bis in den Sommer hinein aufbewahren liess. Um das Eis rasch zu den Brauereien und Gaststätten im Tiefland zu transportieren, wurde ins Hochtal hinauf eine Eisenbahnlinie gebaut. Diese Biereisgewinnung aus dem Lac de Joux bildete eine willkommene Ergänzung zu den beiden anderen Wirtschaftszweigen, Uhrmacherei und Holzverarbeitung, fand aber ein rasches Ende, als die Kühlschränke ihren Siegeszug antraten.

Mit dem Motorboot zurück

Verhältnismässig früh setzte auch der Tourismus ein: Das Vallée de Joux mit seinen sauberen Seen und den riesigen, stillen Wäldern ringsum war schon vor 100 Jahren als Sommerfrische beliebt und ist heute das Ziel von Wanderern und Wassersportlern. Auf dem Lac de Joux verkehrte anfänglich ein kleines Dampfschiff, inzwischen abgelöst durch ein Motorboot, das während des Sommers eine Rundfahrt zwischen den Orten am Ufer ausführt. Wer die Wanderung bereits in Le Rocheray beendet, kann am Nachmittag mit dem Schiff nach Le Pont zurückfahren (Fahrt im Juli und August täglich, im Juni und September nur an Wochenenden, Abfahrtszeit Kursbuch □ 3201).

Während im Winter Schnee und Kälte beste Voraussetzungen für den Skilanglauf rund um Le Brassus im Talhintergrund bilden, kann man sich im Sommer an den Seen dem Wassersport hingeben. Bei guten Windverhältnissen lässt es sich segeln und surfen, und vom Juli bis in den September hinein ist das Wasser des durchschnittlich nur 15 Meter tiefen Lac de Joux angenehm warm – ideal also, die Wanderung mit einem Badeplausch zu verbinden.

Später im Herbst kann man an sonnigen Tagen noch lange auf den warmen Ufersteinen unter bunt gefärbten Laubbäumen picknicken. Gelegentlich liegt zu dieser Jahreszeit aber schon Nebel über dem See und verwandelt die Landschaft in eine unwirkliche Traumwelt, deren kühler Hauch den nahenden Winter ahnen lässt.

Riesige Fichten im Grenzwald

Die Route zwischen Le Pont und La Golisse (Haltestelle auf Verlangen Solliat-Golisse) ist gut markiert und völlig problemlos. Weil die Bahnlinie auf dem Abschnitt von Le Pont nach Le Brassus dicht am Ufer des Lac de Joux verläuft, kann man bei Bedarf unterwegs auch die stündlich verkehrenden Züge benützen, Haltestellen gibt es in Charbonnières, Séchey, Le Lieu, Esserts-de-Rive und Le Rocheray.

Das Vallée de Joux ist ein Grenzland. Nur vier Kilometer nordwestlich der beiden Seen zieht sich die Landesgrenze zu Frankreich über den Kamm des Mont Risoux hin. Dieser Bergzug ist hauptsächlich von Fichten bestanden, die bis 50 Meter Höhe erreichen, und gehört zu den grössten zusammenhängenden Waldflächen der Schweiz. Falls noch Zeit bleibt, lohnt sich ein Abstecher hinauf in diesen urtümlichen Forst, der durchaus einen eigenen Wandertag wert wäre.

Blickt man vom Uferweg über den Spiegel des Lac de Joux nach Südosten, erkennt man den teils ebenfalls bewaldeten, teils von Alpweiden durchsetzten Mont Tendre, der sich bis auf 1679 m ü. M. erhebt. Interessant – und für die Wanderplanung möglicherweise von Bedeutung – ist die recht unregelmässige Verteilung der Niederschläge im Vallé de Joux. Während Le Sentier in der Nähe des Wanderziels jährlich nur um die 150 Zentimeter erhält, wird Le Pont mit der Menge von 250 Zentimetern reichlich mit Niederschlägen versehen.

Lac de Joux: Zwischen Wasser und Land schlagen feuchtigkeitsliebende Pflanzen ihre Wurzeln. Gegenüber die Kette des Mont Tendre.

Zwei schöne Seen am Simplonpass

Badeplausch für Kinder und Frösche

Route Postautohaltestelle Berisal an der Simplonnordrampe–Talmatta–Löüb–Schrickbode–Heitrich–Wasenalp–Wintrigmatte–Wasenalpsee–Bärufalla–Wase–Rothwald–Taferna–Hopschugrabe–Hopschusee–Simplonpass.

Anreise Mit der Lötschbergbahn BLS nach Brig (☐ 300). Von dort mit dem Simplon-Postauto bis zur Haltestelle Berisal (☐ 145.40).

Rückreise Vom Simplonpass (Hospiz oder Kulm) mit dem Postauto nach Brig (☐ 145.40).

Wanderzeit 6–7 Stunden mit 1100 Meter Steigung in zwei Abschnitten und 600 Meter Gefälle dazwischen.

Variante Wanderung nur bis Rothwald auf etwa halber Strecke an der Simplonpassstrasse und von dort mit dem Postauto zurück nach Brig (☐ 145.40), 3 Wanderstunden weniger.

Karte Landeskarte der Schweiz 1:25 000, Blatt 1289 «Brig».

Gaststätten Berisal, Wasenalp, Rothwald, Simplonpass (Hospiz und Kulm).

Jahreszeit Sommer und Herbst.

Wo König Gundobald wandelte

Wo zur Völkerwanderungszeit im Jahr 489 das Heer des kriegerischen Germanenkönigs Gundobald über den Simplonpass dem sonnigen Italien entgegenstürmte, ziehen heute friedliche Wanderer über Stock und Stein. Im ausgedehnten Simplongebiet mit seinen Naturschönheiten gibt es etliche Routen, die in einiger Entfernung der gut ausgebauten und entsprechend stark befahrenen Strasse verlaufen – beispielsweise der erste Teil unserer Zwei-Bergseen-Tour. Sie führt von der einstigen Pferdewechselstation Berisal im Gantertal zum Wasenalpsee und weiter nach Rothwald. Danach folgt man dem kürzlich in Stand gestellten Stockalperweg, also dem einstigen Saumpfad, und erreicht durch das Tal der Taferna die Passhöhe mit dem Hopschusee.

Es ist eine recht ausgedehnte Tagestour, die sich aber problemlos in zwei Abschnitte unterteilen lässt. Wer sich nur auf einen Teil beschränken möchte, wählt am besten den ersten Abschnitt zwischen Berisal und Rothwald. Bei der ausgedehnten Rast am Wasenalpsee können sich Kinder stundenlang am schlammigen Ufer und im warmen Wasser vergnügen.

Der Bergsee auf der Wasenalp an der Simplon-Nordrampe ist ein idealer Picknickplatz vor allem mit Kindern.

Gebirgswelt am Wasenalpsee

Die Erfrischung im Wasenalpsee muss man sich allerdings verdienen, denn sechshundert Meter Steigung liegen zwischen dem Ausgangsort, der Postautohaltestelle Berisal beim imposanten Strassenviadukt übers Gantertal, und dem See auf 2130 m ü. M. Der Anstieg zuerst durch den östlichen Teil des Gantertals mit seinen Alpen und dann durch die Weiden am Nordhang des 3245 Meter hohen Wasenhorns ist abwechslungsreich und verläuft auch ein gutes Stück im Zickzack durch schönen Lärchenwald.

Unterwegs bei Heitrich kreuzt der Pfad den Simplontunnel, der 1400 Meter senkrecht darunter in dunkler Felsentiefe Brig mit Iselle in Italien verbindet. Der 19 Kilometer lange Eisenbahntunnel wurde 1906 eröffnet und machte dem zuvor blühenden Säumer- und Postkutschenbetrieb über den Simplonpass ein Ende. Trotzdem zogen nach wie vor viele Menschen zu Fuss über den 2005 Meter hohen Pass, wie ein zeitgenössisches Dokument festhält: «Seit Eröffnung der Bahn hat der Sommerverkehr sowohl von Seiten der Touristen als auch von den italienischen Arbei-

Manche Bergseen, nach der Eiszeit entstanden, sind inzwischen am Verlanden. Auf Riedwiesen wiegen sich die Wollgräser im Wind.

tern, denen eine Wanderung billiger als eine Bahnfahrt zu stehen kommt, nicht im mindesten abgenommen.» Die gleiche Quelle erklärt auch, warum die Simplonroute so beliebt ist: «Mit Bezug auf landschaftliche Schönheit, Grossartigkeit und Abwechslung übertrifft die Simplonstrasse alle übrigen Alpenstrassen, mit denen sie sich auch an Kühnheit der Anlage wohl zu messen vermag.»

Beeren und Bären

Wer sich an den Gipfeln ringsum sattgesehen hat (das an der Landesgrenze gelegene Wasenhorn hat auch einen italienischen Namen: Punta Terrarossa) und den Blick in die Nähe richtet, findet ganze Felder von Heidelbeersträuchern und Alpenrosen auf den nur noch zum Teil genutzten Alpen an der Vegetationsgrenze. Die Blumen sind geschützt, also bitte stehen lassen – an den Beeren hingegen kann man sich nach Herzenslust gütlich tun! Beerenliebhaber waren zweifellos auch die Bären, die hier am Simplon bis ins 18. Jahrhundert vorkamen. An das nicht ungetrübte Verhältnis zwischen Bären und Hirten erinnert der Alpname Bärufalle beim Wasenalpsee.

Der Bergsee in seiner Wanne aus Urgestein ist ein idealer Picknick- und Spielplatz. Trotz seiner Höhenlage über der Baumgrenze ist das untiefe Gewässer nach einigen sonnigen Tagen angenehm warm und lädt zum Baden und Planschen. Da es aber nirgends Schatten gibt, muss man sich bei längerem Aufenthalt vor der intensiven Walliser Bergsonne unbedingt schützen.

Auf Stockalpers Spuren zum Hopschusee

Vom Wasenalpsee senkt sich nun der Weg zur Feriensiedlung Rothwald, überquert bei der gleichnamigen Postautohaltestelle die Simplonstrasse und taucht ins bewaldete Tafernatal. Hier verläuft der alte Saumpfad, der unter der Bezeichnung Stockalperweg kürzlich wieder in Stand gesetzt wurde. Der Name erinnert an Kaspar Jodok Stockalper (1609–1691), der sich schon in jungen Jahren als Unternehmer am Säumerverkehr beteiligt hatte und, zu Reichtum gelangt, längs des Weges eine für die damalige Zeit perfekte Infrastruktur schuf: den Stockalperpalast in Brig, die Raststätte Alter Spittel bei der Passhöhe und ein weiteres Schutzhaus in Gondo.

Als auf Befehl Napoleons zwischen 1800 und 1805 die Simplonstrasse mit anderer Linienführung gebaut wurde, verlor die Säumerroute an wirtschaftlicher Bedeutung. Heute dient sie, zu neuem Leben erweckt, dem Wandertourismus. Sie führt ein gutes Stück der Taferna entlang, deren Rauschen das Brausen des Verkehrs auf der Simplonstrasse übertönt. Durch den Hopschugraben recht steil ansteigend, erreicht man dann die Passregion mit dem Hopschusee auf 2017 m ü. M. Mit Hopschu

In einer flachen Wanne aus Urgestein liegt der Hopschusee, die Heimat unzähliger Frösche.

bezeichnen die Oberwalliser Frösche, welche hier im untiefen Gewässer mit den badefreudigen Passtouristen um die Wette hüpfen. Ganz in der Nähe steht das Simplondenkmal, ein gegen Süden äugender Adler aus Granit, der an die Grenzwacht während der beiden Weltkriege erinnert.

Neben seiner Bedeutung für den Transitverkehr war der Simplon immer auch ein militärisch wichtiger Pass. Kelten wie Römer benutzten ihn, gefolgt von der bereits erwähnten Völkerwanderungsarmee des Germanenkönigs Gundobald. Im Mittelalter überquerten die Eidgenossen den Pass, um nach Norditalien vorzustossen. Eine Weile lang beherrschten sie Domodossola, die Schlüsselstelle am Südzugang, bis sie nach der Niederlage von Marignano 1515 die Stadt aufgeben mussten. Seither verläuft die Landesgrenze in der Schlucht bei Gondo, immer noch ein gutes Stück auf der Alpensüdseite.

Rund um den Stausee von Mattmark

Am Fuss des verhängnisvollen Gletschers

Route Postauto-Endstation Mattmark–Schwarzenbergbach–Grienberg–Innerer Bodmen–Alp Distel–Ofentalbach–Staudamm Mattmarksee–Postauto-Endstation.

Anreise Auf der SBB-Rhonetallinie nach Visp (□ 100) oder mit der Lötschbergbahn BLS nach Brig (□ 300). Von Visp oder Brig mit dem Postauto nach Saas Grund (□ 145.10) und von dort weiter nach Mattmark (□ 145.15).

Rückreise Von Mattmark mit dem Postauto via Saas Grund nach Visp oder Brig (□ 145.15/145.10).

Wanderzeit 2 Stunden ohne nennenswerte Höhenunterschiede.

Varianten Von der Staumauer talauswärts weiterwandern nach Saas Almagell (2 Stunden mehr, Rückfahrt mit dem Postauto □ 145.15) oder nach Saas Fee (3 Stunden mehr, Rückfahrt mit dem Postauto □ 145.10).

Karten Landeskarte der Schweiz 1:25 000, Blätter 1329 «Saas Fee» und 1349 «Monte Moro» (nicht unbedingt erforderlich).

Gaststätten Mattmark-Staudamm (bei Varianten auch Saas Almagell und Saas Fee).

Jahreszeit Ende Juni bis zweite Hälfte Oktober.

Eissturz vom Allalingletscher

Da hängt er also in unschuldigem Weiss unter dem tiefblauen Himmel der Walliser Alpen: der gefürchtete Allalingletscher. Er ist schuld daran, dass unsere Wanderung rund um den See von Mattmark mit einer Hypothek belastet ist. Denn beim Bau der Staumauer lösten sich am 30. August 1965 von der Gletscherzunge plötzlich gewaltige Eismassen (laut den Berechnungen 500 000 Kubikmeter) und stürzten auf die Barackensiedlung, wo 88 Arbeiter erschlagen wurden. Kein anderer der zahlreichen Schweizer Stauseen hat derart viele Todesopfer gefordert. Unter den Opfern waren 23 Schweizer, wovon sechs Einheimische aus dem Saastal. Ein Gedenkstein am Weg nach Saas Almagell erinnert an das Unglück. Seither wird der Allalingletscher wissenschaftlich überwacht, sodass wir unseren Aufenthalt gefahrlos geniessen können.

Vom grossen Parkplatz unter der Staumauer, wo auch das Postauto wendet, sind es nur wenige Schritte bis hinauf zum mächtigen Steindamm. Er ist 780 Meter lang, 115 Meter hoch, am Fuss maximal 373 und auf seiner Krone immer noch elf Meter breit. Dahinter stauen sich bei höchstem Wasserstand 100 Millionen Kubikmeter Wasser der Saaser Vispa und ihrer Nebenbäche – Rohstoff für energiehungrige Haushalte und Industriebetriebe. Wenn es dem Bauwerk aus Bruchsteinen auch an jener Eleganz fehlt, die manche Betonbogen-

mauer auszeichnet, so beeindruckt es doch durch seine schiere Wucht. Überdies passt der Damm recht gut in die Gebirgslandschaft, ist er doch aus Moränenschutt des nahen Allalingletschers erbaut. Dieser Eisstrom und seine Gesteinsablagerungen ziehen zu Beginn der Rundwanderung um den Mattmarksee immer wieder die Blicke auf sich. Wenn sich an warmen Tagen die Gletscherzunge erwärmt, brechen von der zerschrundenen Front gelegentlich grosse Stücke blankes Eis ab und rutschen, in tausend Splitter zerberstend, auf geneigter Felsfläche talwärts.

Kein See zum Baden

Der See von Mattmark, gut drei Kilometer lang und beim Staudamm gegen 800 Meter breit, liegt auf 2200 m ü. M. Dies erklärt auch, warum hier im schattenlosen Hochtal trotz intensiver Sonne oft ein kühler Wind weht. Es ist also nötig, sich auf der kurzen Rundwanderung um den See sowohl vor Sonnenstrahlung wie vor kaltem Gletscherhauch zu schützen. Unser Routenvorschlag umrundet den See im Gegenuhrzeigersinn und durchquert bald nach Beginn einen in den Berg gesprengten Tunnel. Natürlich kann man die Tour auch andersherum angehen. Der Weg ist gut und breit, man kann sich nicht verirren. Auf weite Strecken sind die Ufer steil und steinig. Einzig beim Südzipfel des kalten Gewässers, von eisblauer, zuweilen ins Grünliche spielender Farbe, das selbst

Zahlreiche Schmelzwasserbäche von Gletschern stürzen sich im Sommer in den Mattmarkstausee.

harte Naturen von einem Bad abhält, ist der Wasserspiegel zugänglich. An dieser Stelle zweigt die Route hinauf zum Monte-Moro-Pass von unserer Rundstrecke ab. Hier weiden auf karger Flur auch die letzten Kühe, wetterharte Vertreterinnen der Eringer Rasse mit schwarzem Fell, spitzen Hörnern und ungestümem Charakter. Wenig weiter oben, wo nur noch vereinzelte Grasbüschel zwischen den Felsplatten gedeihen, beginnt das Reich der Gämsen und Steinböcke.

Säumer, Schmuggler und Sarazenen

Still wirkt die Natur hier am Fuss des Grenzkammes zu Italien. Man hört nur das Rauschen der Bäche, die von Westen und Osten her ihr Wasser in stellenweise spektakulären Fällen dem Stausee zuführen. Dann und wann ist der Pfiff eines Murmeltiers zu hören oder der Gruss eines Berggängers, der den Steilanstieg über den 2853 Meter hohen Monte-Moro-Pass nach Macugnaga im

Wetterhartes Eringervieh weidet auf den kargen Grasflächen am Ufer des Stausees.

italienischen Anzascatal ansteuert. Der Übergang wurde einst von Handelskarawanen rege benutzt, bis zu Beginn des 20. Jahrhunderts die Eröffnung des Simplon-Eisenbahntunnels dem Säumerverkehr ein Ende bereitete.

Danach war der Moropass noch einige Jahrzehnte lang ein beliebter Schmugglerweg; heute ist er eine lohnende, doch anstrengende Tour für trittsichere und schwindelfreie Bergwanderer. Seinen Namen bekam er übrigens von versprengten Sarazenen, maurischen Kriegern des Mittelalters, von denen sich einige angeblich im Saastal niederliessen. Aus ihrer nordafrikanischen Heimat sollen sie sowohl das Bewässerungssystem der Suonen wie auch arabisch klingende Bezeichnungen ins Wallis gebracht haben: Almagell, Mischabel, Allalin usw.

Einst unberechenbarer Bergsee

Bevor der Mattmarksee zu seinem heutigen Umfang aufgestaut wurde, gab es im Tal der jungen Saaser Vispa einen natürlichen Bergsee von wechselnder Grösse. Seine Form hing mit den von Klimaschwankungen abhängigen Vorstössen und Rückzügen des Allalingletschers zusammen. Bildete während kühler Perioden der von der Westflanke weit ins Tal hinunterreichende Eisstrom eine Barriere, sammelten sich hinter dieser Mauer aus Gletschereis beträchtliche Wassermassen an. Nach längerem Tauwetter kam es beim Abschmelzen dieser Barriere mehrmals zu katastrophenarti-

gen Seeausbrüchen mit verheerenden Folgen für Mensch und Vieh, für Dörfer und Weiden weiter unten im Tal.

Chroniken berichten aus den Jahren 1633, 1680 und 1772 von besonders Schaden stiftenden Sturzfluten. 1633 blieb, nachdem das Wasser abgelaufen war, der ganze Talboden bis nach Saas Grund von Steinen und Schlamm bedeckt. Einige Familien, die alles Kulturland verloren hatten, mussten deshalb auswandern. Andere rackerten sich mit der Wiederurbarmachung ihrer verwüsteten Grundstücke ab und gelobten, nicht zu heiraten, bis das Werk vollendet sei. Und tatsächlich wurde in der Kirchgemeinde Saas während der nächsten 14 Jahre keine einzige Ehe geschlossen.

Beim Ausbruch des Mattmarksees von 1680 rissen die Wassermassen ganze Wälder mit und gelangten mit dieser Fracht bis nach Visp im Rhonetal, wo sie 18 Häuser zerstörten. Um solche Naturkatastrophen künftig zu vermeiden, kam um 1900 die Idee auf, das Seewasser durch einen unterirdischen Kanal kontrolliert abfliessen zu lassen. Mit dem Bau des Staudammes zur Elektrizitätsgewinnung wurde dann das Projekt 60 Jahre später auf nutzbringende Weise verwirklicht. Der Mattmarksee ist heute gezähmt: Die Leute von Saas können ruhig ihrer Arbeit nachgehen – und im Übrigen Hochzeit halten, wann immer es ihnen beliebt.

Der Daubensee am Gemmiweg

Ein Paradies für tausend Schafe

Route Gemmipass–Daubensee–Seestutz–Schwarenbach–Arvenwald–Arvenseeli–Spittelmatte–Sunnbüel.

Anreise Auf der SBB-Rhonetallinie nach Leuk (☐ 100). Von dort mit dem Autobus nach Leukerbad (☐ 100.82) und mit der Luftseilbahn zum Gemmipass (☐ 2240).

Rückreise Vom Sunnbüel mit der Luftseilbahn nach Kandersteg (☐ 2412) an der BLS-Bahnlinie Brig–Spiez–Bern (☐ 300).

Wanderzeit 3 Stunden mit 500 Meter gut verteiltem Gefälle und am Schluss kurzer Gegensteigung.

Varianten Rundwanderung um den Daubensee und Rückkehr zum Gemmipass, 2 Stunden ohne grosse Höhenunterschiede. Wanderung in umgekehrter Richtung, ca. $3\frac{1}{2}$ Stunden mit drei Steigungen.

Karte Landeskarte der Schweiz 1:25 000, Blatt 1267 «Gemmi».

Gaststätten Gemmi, Schwarenbach, Sunnbüel.

Jahreszeit Juni bis Mitte Oktober.

Rätselhafte Dauben

Weil der Gemmiweg zu den leichteren Bergwanderungen der Schweiz gehört, ist er entsprechend beliebt: Zwei Luftseilbahnen sorgen für bequeme An- und Rückreise, dazwischen liegen drei – mit Kindern allenfalls auch vier – Wanderstunden auf einem problemlosem Weg in eindrücklicher, abwechslungsreicher Gebirgslandschaft. Die Tour zum Daubensee, einer der Attraktionen unterwegs, ist also kein Gang in die Einsamkeit. Neben Wandernden und Bikern trifft man im Sommer auch um die tausend Schafe, die auf den Alpen am Daubensee weiden.

Schafe, aber wo bleiben die Tauben bzw. Dauben? Eine Daube ist weder Fisch noch Vogel, sondern die althochdeutsche Bezeichnung für Tobel oder Schlucht (man denke etwa die Taubenlochschlucht bei Biel). Im Fall des Daubensees wenig nördlich der Gemmipasshöhe (2322 m ü. M.) trifft dies insofern zu, als das lang gestreckte Gewässer in einem Felsenkessel zwischen Rotem Trotz im Westen, dem gezackten Grat der Plattenhörner im Süden und den beiden Rinderhörnern im Osten liegt. Diese Gipfel aus dunklem Kalk- und Schiefergestein steigen bis auf über 3000 Meter an und wirken, weil nur schwach vergletschert, selbst bei strahlendem Sonnenschein abweisend düster. Der See selbst mit seinem Wasserspiegel bei 2206 m ü. M. ist anderthalb Kilometer lang und einen halben Kilo-

meter breit und setzt als Gegengewicht dazu einen freundlichen Akzent in die Landschaft.

Seeumrundung als Kurzvariante

Die Gemmi als Verbindung zwischen dem Mittelwallis und dem Kandertal im Berner Oberland wird seit dem Altertum begangen, möglicherweise bereits von den Kelten, sicher aber von den Römern. Erst die Eröffnung des Lötschbergtunnels 1904 bereitete dem blühenden Säumerverkehr ein Ende. Seither bleibt der Gemmiweg den Wandernden vorbehalten, die sich mit Vorliebe schon am Ufer des Daubensees eine erste Rast gönnen. Bis in den Juni hinein treiben Eisschollen auf dem Wasser, und die Schneefelder ringsum schmelzen nur zögernd. Wer die Gemmi-Tour also zu Saisonbeginn unternimmt, trägt am besten wasserdichte Schuhe, denn auch auf dem Weg liegt zuweilen noch triefender Sulz.

Sofern es die Witterung erlaubt, findet der Schafaufzug traditionellerweise am 29. Juni statt, dem Fest von Sankt Peter und Paul. Es sind vor allem Schafhalter aus Leuk, die ihre Tiere dem Hirten hier anvertrauen. In der Regel genügt ein einziger erfahrener Mann, um die grosse Herde zu überwachen, denn die Schafe bleiben brav auf den Weiden beim See und zeigen wenig Neigung, das Gras mit den kahlen Geröllhalden ringsum zu vertauschen. Zentrum des Weidebetriebs ist der Schafberg am Ostufer des Dauben-

Nicht weniger als 1032 Weiderechte für Schafe gibt es am Daubensee beim Gemmipass.

sees, wo auch der Gemmiweg durchführt. Als Kurzvariante empfiehlt sich der Rundweg um den See mit Rückkehr zum Pass, ein gemütlicher 2-Stunden-Bummel.

Dabei überschreitet man den wichtigsten Zufluss, der aus Westen die Schmelzwasser von Wildstrubelgletscher und Lämmerengletscher heranführt. Der Daubensee hat keinen oberirdischen Abfluss; sein Wasser versickert im klüftigen Gesteinsuntergrund. Aus der ganzen Gemmiregion gelangt solches Sickerwasser in grosse Tiefen, wo es von der Erdwärme aufgeheizt wird und schliesslich bei Leukerbad als heilkräftige Thermalquelle wieder ans Tageslicht tritt.

Völkerverbindendes Schäferfest

Die Schafweiden um den Daubensee sind in genau 1032 Alpungsrechte aufgeteilt. Bei voller Belegung widerhallt also das Geblöke von mehr als tausend Tieren von den Flühen. Immer am ersten Sonntag im August findet am Seeufer das bekannte Gemmi-Schäferfest statt. Daran nehmen alle Schafbesitzer mit ihren Familien teil. Unter freiem Himmel wird Raclettekäse gegessen und Fendant getrunken, dann auf steindurchsetztem Alpboden ein Tänzchen gedreht. Das Fest fand erstmals 1958 in bescheidenem Rahmen statt und zieht seither immer mehr Schaulustige an, die gerne mitfeiern – ein völkerverbindender Anlass zwischen Wallisern und Berner Oberländern.

Das Verhältnis der beiden war nicht immer so harmonisch. Manche Oberländer schmerzt es noch immer, dass es den Wallisern gelang, ihr Territorium über die Wasserscheide beim Gemmipass auf Kosten der Berner um fünf Kilometer nach Norden vorzuschieben: Die Kantonsgrenze verläuft nicht, wie es eigentlich den natürlichen Gegebenheiten entspräche, entlang dem Steilabfall nach Leukerbad, sondern durch den Arvenwald beim Berghotel «Schwarenbach».

Dieser Wald hart an der Baumgrenze markiert den Übergang in die freundlichere Region der Spittelmatte, wo sechs kleine Seen zu einer weiteren Rast laden. Drei davon, als Arvenseeli bezeichnet, liegen im Arvenwald selbst, die drei andern liegen im teilweise sumpfigen Talboden der Spittelmatte.

Eislawine vom Altels

Auf dieser idyllischen Alp erinnert ein schlichtes Denkmal an die Naturkatastrophe vom 11. September 1895. Damals hatten sich vom Gipfel des Altels (3629 m ü. M.) im Südosten gewaltige Eismassen gelöst und waren auf das Weidegelände heruntergestürzt. Sechs Hirten und 169 Stück Vieh wurden im Schlaf erschlagen. Die fünf Millionen Kubikmeter Eistrümmer bedeckten eine Fläche von fast zwei Quadratkilometern und brauchtes Jahre bis zum vollständigen Abschmelzen.

Friedlich-stiller Lac de Derborence

Ein Tag unter den Teufelsbergen

Route Derborence–Urwaldreservat L'Ecorcha, Südufer des Lac de Derborence–Le Liapey–Godey-Stausee–Bergsturzgebiet Eboulement des Diablerets–Nordufer des Lac de Derborence–Derborence.

Anreise Auf der SBB-Rhonetallinie nach Sion/Sitten (☐ 100). Von dort mit dem Postauto nach Derborence (☐ 135.15, zweite Hälfte Juni bis zweite Hälfte September).

Rückreise Wie Anreise.

Wanderzeit 2 Stunden bei geringen Höhenunterschieden. Mit Verweilen im Urwaldreservat und Bergsturzgebiet sowie allenfalls Baden im Bergsee – An- und Rückreise einberechnet – ein Tagesprogramm.

Karte Landeskarte der Schweiz 1:25 000, Blatt 1285 «Les Diablerets».

Gaststätten Derborence (mit Übernachtungsmöglichkeit).

Jahreszeit Sommer und Frühherbst.

Derborence: Untergang und Einsamkeit

Ein Bergsturz von den Diablerets, den 3200 Meter hohen «Teufelsbergen», hat im Unterwallis hart an der Grenze zu den Waadtländer Alpen eine traumhaftwilde Urlandschaft geschaffen. Die Ge-les-Ferdinand Ramuz (1878–1947) zu seinem Roman «Derborence», der 1985 auch verfilmt wurde.

In bewegten Worten beschreibt Ramuz eine untergegangene Welt, die mit der Wirklichkeit eines strahlenden Wandertages mitten in einer überwältigen-

Zur Freude der Kinder ist der Lac de Derborence im Sommer meist warm genug zum Baden.

steinstrümmer der Naturkatastrophe vom 23. Juni 1714 verschütteten die Alp Derborence mit 25 Sennhütten auf 1450 m ü. M. und stauten den Lac de Derborence auf, einen der reizvollsten Bergseen der Westschweiz. Noch immer liegen 15 Menschen und 100 Stück Vieh unter den zum Teil haushohen Sturzblöcken begraben. Dieses Drama inspirierte Char-den Natur nur wenig zu tun hat. Dennoch – oder gerade deshalb – wollen wir dem Dichter hier Raum geben, denn er zeigt uns die andere, die weniger heitere Seite eines Aufenthaltes in den Bergen: «Derborence, das Wort klingt sanft; sanft und etwas traurig klingt es in uns nach. Es beginnt mit einem festen und bestimmten Laut, dann zögert es und sinkt, noch während man es klingen lässt, ins Leere: Derborence – als wolle es so auf den Untergang, auf die Einsamkeit und das Vergessen deuten.»

Wer dann allerdings aus dem Postauto steigt, das die 1000 Höhenmeter vom Walliser Kantonshauptort Sion/Sitten auf kurvenreicher Fahrt hoch über der Lizerne-Schlucht in gerade einer Stunde Fahrt bewältigt hat, erlebt weder Untergang noch Einsamkeit. Heute ist Derborence ein bei schönem Wetter gut besuchtes, doch nicht überlaufenes Ausflugsziel am gleichnamigen Bergsee. Das Läuten der Kuhglocken mischt sich mit dem Klingen der Gläser auf der Sonnenterrasse des Restaurants und mit dem vergnügten Kreischen badender Kinder im warmen See. Einzig mit dem Vergessen behält Ramuz Recht, dessen Roman 1987 von Hanno Helbling meisterhaft ins Deutsche übersetzt wurde: In Derborence denkt kaum mehr jemand an den Bergsturz, obwohl ein Blick nach Norden an die drohende Abbruchkante der Diablerets es durchaus denkbar erscheinen lässt, dass sich ein solches Ereignis früher oder später wiederholen könnte.

Bergurwald am See

Wenige Schritte vom Sommerdörfchen Derborence entfernt ist man mit sich und der Natur allein. Ein schmaler Pfad führt am Südufer des langsam verlandenden Lac de Derborence entlang durch den Urwald von L'Ecorcha. Dieser Forst verdankt seine Existenz dem Bergsturz von 1714, denn der einstige Zugangsweg von Ardon im Rhonetal her war durch Blockschutt versperrt und weiter oben durch den neu entstandenen See unter Wasser gesetzt worden. So blieben die Holzfäller aus, wobei sie auch eine Wiederholung der Katastrophe fürchteten. Tatsächlich ging dann 1749 ein zweiter Steinfall nieder, der aber, da Derborence nun menschenleer war, keinen Schaden mehr anrichtete.

Weil seit bald 300 Jahren im Revier von L'Ecorcha kein Baum mehr gefällt wurde, stehen hier Bäume von mächtiger Gestalt und ehrwürdigem Alter. Am höchsten werden die Weisstannen, 45 Meter bei einem Stammdurchmesser von 160 Zentimetern. Wenn sie fallen, bleiben sie liegen und vermodern – und liefern auf diese Weise Nährstoffe für die nachwuchernde Vegetation: Kräuter und Sträucher, die vom Lichteinfall auf der durch den stürzenden Riesen geschaffenen Schneise profitieren.

Als einer der ältesten Urwälder (den Schweizerischen Nationalpark im Unterengadin gibt es erst seit 1914) steht der Forst von Derborence unter Naturschutz. Gleichzeitig dient das Reservat den Wald- und Holzforschern der ETH Zürich als Freiluft-Laboratorium: Wo sonst in den Alpen lässt sich die Entwicklung eines während nahezu drei Jahrhunderten nicht mehr genutzten Bergwaldes so ideal studieren?

Durch einen Felssturz von den Diablerets entstanden: der Lac de Derborence und der Bergurwald an seinem südlichen Ufer.

Der Fluss hat sich einen Weg gebahnt

Nur ein schmaler Pfad führt hart am Ufer entlang durch die faszinierende Wildnis. Wo das Flüsschen Derbonne den Lac de Derborence verlässt, um sich mit der von Norden einmündenden Lizerne zu vereinigen und durch eine Schlucht der Rhone entgegenzustürzen, staut ein kleiner Damm aus Beton den See um einige Meter auf. Dadurch soll verhindert werden, dass das untiefe Gewässer allzu rasch verlandet, denn es

wäre schade um dieses Bijou der Walliser Alpen.

Wie sich die Bergsturzlandschaft den Einheimischen darbot, die gleich nach der Katastrophe aus dem Rhonetal zu ihrer verschütteten Alp geeilt waren und glaubten, der Teufel habe das Unglück ausgelöst, schildert Ramuz recht eindrücklich: «Da ging über den Weg eine grosse Mauer wie der Vorbau einer Befestigung, mit einer Brustwehr, mit Wehrgängen, Schiessscharten, Zinnen. Die Mauer stand da vor ihnen, sie war

163

über Nacht herabgekommen und bildete eine Sperre, mit grossen und kleinen Blöcken, mit Sand, mit Geröll, mit Mörtel, und das Bett des Wildbachs, das darunter hervorkam, war ausgetrocknet, zeigte den nackten Grund, ein paar Lachen waren da sitzen geblieben.»

Inzwischen hat sich die Derbonne wieder einen Weg durch die Bergsturzmassen geschaffen. Auch die Bergpoststrasse von Sitten via Erde und Aven nach Derborence windet sich durch die wirr übereinander getürmten 50 Millionen Kubikmeter Kalkgestein von den «Teufelsbergen». Zwischen den grauen Blöcken spriesst das Grün der Pioniervegetation, ja selbst ansehnliche Stämme zwängen sich aus den Spalten hervor ans Sonnenlicht und verkünden den Triumph des Lebens über den Tod.

Abstecher zum Stausee von Godey

Im Nordosten der Gesteinstrümmerlandschaft, auf der Landeskarte als «Eboulement des Diablerets» bezeichnet, lohnt der Stausee von Godey einen Abstecher. Die Alpsiedlung liegt unter der Staumauer am Ufer eines Ausgleichsbeckens. Um einen Blick auf diesen zweiten See im Tal von Derborence zu werfen, wählt man entweder das Strässchen rechter Hand Richtung Montbas-Dessus oder aber den Fahrweg links zur Mauerkrone und gegen La Lui. Baden kann man in diesem Becken freilich nicht. Wen es nach Abkühlung gelüstet, muss noch eine halbe Stunde warten. Der Rückweg zum Lac de Derborence führt ein weiteres Mal durch die vom Bergsturz verwüstete Landschaft, die Charles-Ferdinand Ramuz mit den folgenden Worten beschreibt: «Man sieht, dass es da nur noch Steine gibt, Steine und nochmals Steine. Überall zerstreut wie Würfel aus dem Becher, wirkliche Würfel, Würfel aller Grössen, ein viereckiger Block, noch ein viereckiger Block, Blöcke aufeinander, hintereinander, kleine und grosse, so weit man sieht.»

Gleichentags zurückfahren oder sich noch ein Weilchen am Fuss der Diablerets erholen? In Derborence kann man ein einfaches Nachtquartier bekommen und dann am nächsten Tag eine weitere Wanderung in der Umgebung unternehmen. Westwärts geht es über den Pas de Cheville Richtung Villars im Waadtland, und gegen Süden lockt die Lizerne-Schlucht, die bei Ardon ins Rhonetal mündet.

Lac de Mauvoisin im Val de Bagnes

Würdig für einen Nationalpark

Route Mauvoisin–Staudamm Lac de Mauvoisin–Westufer des Sees via Les Temonés–Ecurie de la Lia–Bornes du Diable–Einmündung der Drance de Bagnes–Aufstieg zur SAC-Hütte Cabane de Chanrion–Col de Tsofeiret–Lac de Tsofeiret–Abstieg zum Ostufer des Lac de Mauvoisin–Staumauer–Mauvoisin.

Anreise Mit der SBB-Rhonetallinie nach Martigny (□ 100). Von dort mit dem St-Bernard-Express via Sembrancher nach Le Châble (□ 133) und weiter mit dem Postauto durchs Val de Bagnes bis nach Mauvoisin (□ 133.45).

Rückreise Wie Anreise.

Wanderzeit 6–7 Stunden mit je 900 Meter Steigung und Gefälle.

Variante Leichte Wanderung am Westufer des Lac de Mauvoisin bis zur Einmündung der Drance de Bagnes und auf gleichem Weg zurück nach Mauvoisin, 3–4 Stunden.

Karte Landeskarte der Schweiz 1:25 000, Blatt 1346 «Chanrion».

Gaststätten Mauvoisin, Cabane de Chanrion CAS (SAC-Hütte).

Hinweis Konditionell recht anspruchsvolle Tagestour in schattenloser Landschaft am Rand des Hochgebirges.

Jahreszeit Hochsommer und Herbst (die Postautos nach Mauvoisin verkehren bis zur zweiten Hälfte September).

Stausee als Auffangbecken für Gletschervorstösse

Der seit 1914 bestehende Schweizerische Nationalpark im Unterengadin soll nach Auffassung der Naturschützer in absehbarer Zeit um neue Gebiete ergänzt werden. Zu den aussichtsreichsten Kandidaten gehört das obere Val de Bagnes im Wallis, eine wilde, praktisch unbesiedelte Bergwelt, wo Steinböcke und Steinadler anzutreffen sind. Zum Kerngebiet des neuen Nationalparks würde auch der lang gestreckte Stausee des Lac de Mauvoisin unter dem Giétro-Gletscher gehören, was mit den Regeln der Nationalparks durchaus vereinbar ist, denn auch der Spölfluss im Engadiner Nationalpark wurde ja zur Energiegewinnung gestaut.

Der fünf Kilometer lange und maximal 500 Meter breite Lac de Mauvoisin mit seiner Spiegelhöhe bei 1975 m ü. M. hat noch einen anderen Zweck, als das Unterland mit Elektrizität zu versorgen: Sein Becken müsste Abbrüche und Vorstösse des Gletschers auffangen, wenn dieser wieder einmal vorrücken sollte. Im Moment, bei der allgemeinen Erwärmungstendenz, hängt der Glacier du Giétro allerdings hoch oben in den glatt geschliffenen Granitwänden über dem Ostufer. Früher hingegen war er mehrmals bis zur Talsohle vorgedrungen, wo er die von Süden heranrauschende Drance de Bagnes aufstaute. Als dieser natürliche See schliesslich die Sperre aus Eis durchbrach – was 1595 und 1818 geschah –, verursachten Wasser und der Gesteinsschutt, den es mittransportierte, in den Ortschaften weiter unten im Tal grosse Verheerungen. Bei der letzten Katastrophe von 1818 hatte man vergeblich versucht, durch den Bau eines Tunnels den Gletschersee kontrolliert zu entleeren. Die Flutwelle forderte 35 Todesopfer und erreichte noch in Martigny das erste Stockwerk der Wohnhäuser.

«Schlechter Nachbar» Giétro-Gletscher

Die Firn- und Felswelt im oberen Val de Bagnes war im 19. Jahrhundert ein Anziehungspunkt für Alpinisten, die noch nie bestiegene Gipfel suchten. So wurde denn in Mauvoisin bereits früh ein Berggasthaus errichtet, und zwar auf einem Felsriegel hoch über der Drance-Schlucht gleich neben der Kapelle. Zu dieser Kapelle zog die Talbevölkerung jährlich in einer grossen Bittprozession, um durch Fürbitten die Gefahren für Mensch, Vieh und Flur abzuwenden. Das war in der Tat auch notwendig, wie der Name des Ortes selbst verrät: Mauvoisin bedeutet nämlich «schlechter Nachbar», und gemeint ist damit der unberechenbare Glacier du Giétro, der sich nur gerade anderthalb Kilometer weit entfernt befindet.

Den besten Blick auf diesen Eisstrom, der früher natürlich noch viel imposanter gewirkt haben musste, geniesst man vom Westufer des Stausees aus. Die

Wasserfälle sorgen für Abwechslung in der kargen Landschaft am Lac de Mauvoisin im Val de Bagnes.

Route führt auf einem Kraftwerksträsschen zuerst durch einen Tunnel, wo Sickerwasser von der Decke tropft, und windet sich dann zu den Alpweiden Les boden immer wieder mit ihrer Gesteinsfracht überschüttet, sodass die besten Weiden ohnehin an den Berghängen oberhalb des späteren Sees lagen.

Man mag es bedauern oder begrüssen. Ohne Staudämme wäre manches Bergtal von Weiden statt von Wasser bedeckt.

Temonés und Ecurie de la Lia empor. Hier befindet man sich 150 Meter über der je nach Lichteinfall grünlich oder schiefergrau schimmernden Wasserfläche. Auch jenseits des Sees wird unter schroffen Felsen Alpwirtschaft betrieben. Der Verlust an Kulturland durch den Aufstau des Sees hielt sich in Grenzen, denn die Drance de Bagnes hatte den Tal-

Rundtour bis zur SAC-Hütte oder am Seeende umkehren

Heute speist die Drance als wichtigster Zufluss den Lac de Mauvoisin. Weitere Wasserläufe stürzen sich von den Gebirgszügen zu beiden Seiten, neben manch namenlosen Bächen die Dyure de la Tsessette aus dem gleichnamigen Gletscher von Westen und die Bay d'Ardzintaire von Osten her. Die seltsam tönenden Gewässernamen erinnern an das Patois der Walliser Seitentäler, einen aussterbenden Dialekt, der vom Französischen ebenso weit entfernt ist wie das Schweizerdeutsche vom Hochdeutschen.

Wer nicht die ganze anstrengende Tagestour zur SAC-Hütte Cabane de Chanrion auf 2462 m ü. M. und über den 2630 Meter hohen Col de Tsofeiret ans Ostufer des Lac de Mauvoisin unternehmen möchte, kann bei der Einmündung der Drance de Bagnes am Südende des Sees umkehren und auf gleichem Weg nach Mauvoisin zurückwandern. Für die Kurzvariante sind drei bis vier Stunden anzusetzen, wobei noch genügend Zeit zum Verweilen auf dem Staudamm bleibt. Über die 250 Meter hohe und 520 Meter lange Talsperre gelangen dann auch die müden Wanderer, die den See ganz umrundet haben, zur Postautohaltestelle und zum gemütlichen Berggasthaus «Hôtel du Mauvoisin».

Reservat Haut Val de Bagnes

Vor 1950 war Mauvoisin nur durch einen Saumpfad erreichbar. Dann wurde die Strasse gebaut, um das Material für den Kraftwerkbau heranzuführen. Bis 1958 arbeiteten zeitweise mehr als 1000 Männer am Staudamm, und es dauerte bis 1964, bis auch die weiteren Anlagen zur Energiegewinnung fertig gestellt waren. Das ganze Werk kostete schliesslich 570 Millonen Franken. Weil die Strasse natürlich immer mehr Touristen an den Rand des Hochgebirges brachte, entschlossen sich die Talgemeinden zu Schutzmassnahmen: 1968 wurden 150 Quadratkilometer zum Landschaftsreservat Haut Val de Bagnes erklärt und mit einem Jagdverbot belegt – was möglicherweise ein erster Schritt zur Schaffung des zweiten Schweizerischen Nationalparks sein könnte.

An dieser Entwicklung hätte der wohl prominenteste Sohn des Walliser Seitentales, Jean-Pierre Perraudin aus Lourtier, gewiss seine Freude gehabt: Dem naturverbundenen Gämsjäger waren vor bald 200 Jahren unten im Rhonetal Steinblöcke aufgefallen, die sonst nur in seinen heimatlichen Bergen vorkamen. So kam er auf die Idee, dass die Alpengletscher einst viel weiter ins Tiefland vorgestossen waren und dabei solche Findlinge verschleppt hatten. Und er hatte Recht: Seine Gletschertheorie aus dem Val de Bagnes fand nach etlichem Gelehrtenstreit allgemeine Zustimmung und bildet seither das Fundament der weltweit anerkannten Eiszeitlehre. In Perraudins Wohnort Lourtier erinnert ein kleines Museum an den scharfsinnigen Gämsjäger.

Lac de Tanay im Unterwallis

Wo Maria im Schnee wacht

Route Miex ob Vouvry–Vésenand–La Combe–Prélagine–La Suche–Les Miots–Lac de Tanay–Tanay–Col de Tanay–Vers le Châble–Le Flon–Miex.

Anreise Auf der SBB-Rhonetallinie nach St-Maurice (☐ 100). Von dort mit dem Regionalzug der SBB nach Monthey und weiter mit dem Postauto nach Vouvry (☐ 130, einige Züge fahren direkt bis Vouvry). Von Vouvry mit dem Postauto nach Miex (☐ 131.10).

Rückreise Von Miex nach St-Maurice wie Anreise.

Wanderzeit 4–5 Stunden mit je 500 Meter Steigung und Gefälle.

Varianten Von Miex Abstieg zu Fuss durchs Tal des Wildbachs Le Fossau nach Vouvry, 2 Stunden und 600 Meter Gefälle zusätzlich. Oder Tagestour Tanay–Lac de Lovenex–St-Gingolph (im Text beschrieben).

Karten Landeskarte 1:25 000, Blatt 1284 «Monthey». Für Variante Lac de Lovenex auch Blatt 1264 «Montreux».

Gaststätten Miex, Tanay (in Tanay auch Übernachtungsmöglichkeit).

Jahreszeit Juni bis November.

Tiefblick von der Felskanzel

In der westlichsten Ecke des Kantons Wallis, abseits der grossen Fremdenverkehrszentren, versteckt sich zwischen Kalkgipfeln eine Perle: der Bergsee Lac de Tanay oberhalb des Dörfchens Miex. Miex selbst liegt rund 1000 m ü. M. auf einer Sonnenterrasse hoch über der Ortschaft Vouvry und wird von dort durch ein kleines Postauto auf kurvenreicher Strasse erreicht. Da Miex wie andere Walliser Bergdörfer unter Abwanderung leidet und ohnehin jeder Einheimische ein Auto besitzt, hat der Fahrplan keinen Stundentakt. An Werktagen verkehren mehr Kurse als an Wochenenden.

Miex ist ein kleines Paradies, und eigentlich könnte man den ganzen Tag hier verbringen, um die Natur und den Ausblick auf die umliegenden Berge und das Rhonetal in der Tiefe zu geniessen.

Im Lac de Tanay ob Vouvry spiegeln sich der blaue Himmel und der Gipfel des Chambairy.

Doch ebenso verlockend ist die 2–3-stündige Wanderung hinauf zu einem der schönsten Seen im Kanton – dem Lac de Tanay auf 1408 m ü. M. Das Holpersträsschen zur Alp Prélagine und weiter zum Ostufer des Sees führt meist durch Wald. Lohnend, doch mit gebührender Vorsicht unterwegs, ist der Abstecher zum Aussichtspunkt La Suche (1541 m ü. M.). Hier fallen die Felsen senkrecht gegen Nordosten ab und gewähren – ein erster Höhepunkt des Tages – den wohl eindrücklichsten Blick auf das Rhonedelta und obere Genferseebecken. Gut zu erkennen ist, wie der Mensch hier die einst sumpfige Flussebene in Besitz genommen hat: Schnurgerade verlaufen Entwässerungskanäle, Flurstrassen, als Windschutz angepflanzte Baumreihen und die Begrenzungen der grossflächigen Felder in der Landschaft. Am Ufer des Genfersees liegt das Naturschutzgebiet von Les Grangettes mit seinen Feuchtbiotopen. Dampfschiffe und Motorboote, aus der Höhe wie Spielzeuge anzuschauen, beleben die blaue Seefläche des Lac Léman. Gut zu erkennen ist auch das Schloss Chillon zwischen Villeneuve und Montreux. Darüber erheben sich die Aussichtsgipfel der Rochers-de-Naye.

Naturschutz und Landschaftsschutz

In intensiven Blautönen leuchtet auch der kleine Lac de Tanay. Er ist gerade einen Kilometer lang und fast 300 Meter breit. Gespeist wird er aus Westen durch den Bergbach von der ausgedehnten Alp Montagne de l'Au (früher Looz geschrieben und auch Haut de Tanay genannt). Sie liegt am Fuss des Gebirgsstocks Cornettes de Bise (2432 m ü. M.), der die Grenze zum französischen Département Haute-Savoye markiert. Sicher trägt diese Grenzlage dazu bei, dass die Region von Tanay trotz ihrer landschaftlichen Schönheit verhältnismässig selten besucht wird. Das Sommerdörfchen Tanay selbst wird vor allem von Einheimischen frequentiert. Hier gibt es zwei rustikale Gaststätten mit einfachen Unterkunftsmöglichkeiten. Zur bescheidenen Infrastruktur gehört auch die Wallfahrtskapelle Notre Dame des Neiges (Maria im Schnee).

Apropos Schnee: Weil diese Ecke des Kantons zu den niederschlagsreicheren im Wallis gehört, bleibt an schattigen Stellen die weisse Pracht bis zum Frühsommer liegen, und schon im Spätherbst können erste Kälteeinbrüche die sich im See spiegelnden Tannen überzuckern. Der Name Tanay hat übrigens nichts mit Tannen zu tun, sondern stammt vom altfranzösischen Wort «tanna» für eine überhängende Felswand oder eine Höhle. Möglicherweise ist damit die Caverne de l'Ours gemeint, die «Bärenhöhle», die ins Innere von Les Jumelles, des Zwillingsgipfels nordwestlich über dem See, führt.

Der 44 Meter tiefe Lac de Tanay in seiner Felswanne besitzt nur einen unterir-

Wer den Lac de Tanay ausserhalb der Hochsaison besucht, wird von der stillen Landschaft begeistert sein.

dischen Abfluss. Er wurde bereits 1901 durch die Elektrizitätsgesellschaft Société des Forces Motrices de la Grande Eau angezapft und sein Wasser in einem 3650 Meter langen Stollen mit 950 Meter Gefälle auf Turbinen geleitet. 1965 bekam das Wasserkraftwerk ob Vouvry Konkurrenz durch ein gigantisches thermisches Elektrizitätswerk, gespeist mit Schweröl von der nahen Raffinerie Collombey. Wie zum Ausgleich für diesen Eingriff in die Gebirgsnatur stellte man im selben Jahr den Lac de Tanay samt 1500 Hektar Umgebung unter Naturschutz. Wenig später fand das ganze Tal bis zur französischen Grenze Aufnahme ins Bundesinventar der Landschaften und Naturdenkmäler von nationaler Bedeutung.

Variante: Lac de Lovenex– St-Gingolph

Wer den westlichen Teil der Landschaftsschutzregion eingehender kennen lernen möchte, kann in Tanay übernachten und dann die Anschlusswanderung hinauf zur Montagne de l'Au und über den 1850 m hohen Pas de Lovenex zum Bergsee Lac de Lovenex auf 1632 m ü. M. machen. Von dort führt die Route die Landesgrenze entlang abwärts bis nach St-Gingolph am Genfersee. Es ist eine recht anstrengende Tagestour mit 450 Meter Steigung und 1500 Meter Gefälle durch die Bergeinsamkeit und ohne Möglichkeit einzukehren. Von St-Gingolph geht es mit dem Kursschiff nach Montreux–Lausanne (□ 3151) bzw. mit dem Regionalzug und/oder dem Postauto via Monthey nach St-Maurice (□ 130).

Die Normalwanderung hingegen führt vom Lac de Tanay über den Col de Tanay in einem Bogen in etwa anderthalb bis zwei Stunden zurück nach Miex. Der Anstieg zum Pässchen mit seinen 1440 m ü. M. ist kurz und sanft, doch dann folgt ein recht happiger Abstieg durch sonnenwarme Bergflanken zum Tagesziel. Unterwegs hat man die Wahl zwischen dem staubigen Strässchen mit beschränktem Zubringerverkehr oder aber dem schmalen, steilen Geisshirtenpfad, dem «Chemin du Chevrier». Vorsicht, bei trockener Witterung ist dieses Weglein stellenweise von Geröll bedeckt, und Feuchtigkeit verwandelt jene Stellen, wo rote Mergelschiefer den Untergrund bilden, in wahre Seifenbahnen. Im Ortsteil Le Flon von Miex befindet sich die Endstation der Postautolinie hinunter ins Rhonetal nach Vouvry. Es lohnt sich aber, noch einige Minuten bis ins Dorfzentrum weiterzugehen, um dort im gemütlichen Restaurant auf die Abfahrt des gelben Kleinwagens zu warten. Wenn die Kniegelenke es noch erlauben, kann man auch zu Fuss von Miex nach Vouvry absteigen. Der angenehme, schattige Weg führt mit 600 Meter Gefälle in zwei Stunden durch das Waldtobel des Wildbachs Le Fossau.

Lago Ritóm, Lago di Tom, Lago Cadagno

Pflanzenparadies im Val Piora

Route Airolo–Madrano–Brugnasco–Campói–Monti di Vento–Cassina–Monda–Bergstation der Standseilbahn Ritóm–Piora–Lago Ritóm–Lago di Tom–Lago Cadagno–Lago Ritóm–Piora–Bergstation Ritom-Bahn.

Anreise Auf der SBB-Gotthardlinie nach Airolo (□ 600).

Rückreise Von Ritom mit der Standseilbahn nach Piotta Centrale FPR (□ 2603) und von Piotta Posta mit dem Postauto zur SBB-Station Airolo (□ 625.09).

Wanderzeit 5–6 Stunden mit 900 Meter Steigung und 200 Meter Gefälle.

Variante Von der Ritom-Staumauer auf schmalem Weg über das Alpdörfchen Valle nach Altanca absteigen, 1 Wanderstunde mehr. Mit dem Postauto von Altanca nach Ambrì-Piotta Stazione (□ 600.56) und weiter nach Airolo (□ 625.09).

Karte Landeskarte der Schweiz 1:25 000, Blatt 1252 «Ambrì-Piotta».

Gaststätten Airolo, Piora, Lago Cadagno (bei Variante auch Altanca), überall mit Übernachtungsmöglichkeit.

Jahreszeit Juni bis Ende Oktober.

Wasserkraft und Kristallschätze

Von Airolo am Südfuss des Gotthards erreicht man die Seenplatte im Val Piora in einem zwar schweisstreibenden, doch lohnenden Anstieg. Obwohl die Route teilweise durch Wald führt, ist sie im Sommer recht der Sonne ausgesetzt, sodass man mit Vorteil früh aufbricht. Die drei Alpseen selbst, nämlich Lago Ritóm, Lago di Tom und Lago Cadagno, liegen in schattenlosen Senken, wodurch sie sich, sobald die letzten Schneereste an ihren Ufern geschmolzen sind, rasch erwärmen.

Die erste Wanderstunde ab Airolo verläuft ostwärts auf dem 45 Kilometer langen Höhenweg der «Strada alta», der hoch über der Leventina in drei Tagen nach Biasca führt. Beim Weiler Brugnasco auf 1380 m ü. M. verlässt unsere Route die «Strada alta» und gewinnt im Zickzack, teils auf einem Alpsträsschen, teils auf einem Fusspfad, markant an Höhe. Diese Steilstufe, vom eiszeitlichen Ticino-Gletscher ins Gebirge gekerbt, wird von der Elektrizitätswirtschaft zur Energiegewinnung genutzt. So wurde der Lago Ritóm bereits 1919 durch ein Kraftwerk bei Piotta in die Pflicht genommen, weil die SBB ihre Gotthardlokomotiven von Dampf- auf Strombetrieb umstellten.

Während sich beim Höhersteigen von Schritt zu Schritt das Panorama weitet, ist gegenüber auf der anderen Talseite der Leventina der 2669 Meter hohe Poncione di Tremorgio zu erkennen, an dessen Fuss der kreisrunde Lago Tremorgio ebenfalls Wasserkraft für die Bundesbahnen liefert. Die Tremorgio-Region gehört zu den kristallreichsten des Kantons, doch auch die Nordflanke der Leventina kann mit blitzenden Schätzen aufwarten. Gehäuft finden sich Mineralien etwa im Val Canaria, dessen Unterlauf wir zwischen Airolo und Madrano kurz nach Beginn der Bergwanderung durchquert haben.

Wechselnde Stimmungen

Bevor die Bundesbahnen den Lago Ritóm mit einer später noch erhöhten Betonmauer bei Piora um sieben Meter aufstauten und dabei die Alp San Carlo samt ihrer Torfgrube unter Wasser setzten, war der See um einiges kleiner als heute. Er galt aber schon im 19. Jahrhundert als beliebtes Ausflugsziel, wobei neben begeisterten Schilderungen ebenfalls enttäuschte Worte überliefert sind. So zeigte sich 1876 ein italienischer Alpinist vom «nackten und leblosen Anblick» der Uferlandschaft mit tiefer Trauer erfüllt. Die genau gleiche Gegend wurde im Jahr darauf von einem Lokaldichter aus Locarno in den höchsten Tönen besungen, und der Reiseschriftsteller Edoardo Platzhoff-Lejeune schwärmte später vom «südlichen Liebreiz» des Gewässers. Offenbar kommt es ganz darauf an, zu welcher Tages- und Jahreszeit, bei welchem Wetter und in welcher Seelenverfassung man das Val Piora mit seinen Seen besucht. Erfah-

Im spätherbstlichen Abendlicht hat die Landschaft um den Ritomsee etwas Melancholisches.

rungsgemäss wechseln je nach Lichteinfall die Landschaftsstimmungen in dieser Höhe rasch, wobei die kahle Gebirgslandschaft durch das Farbenspiel der Wasserflächen oft in ihrer Herbheit gemildert wird.

Vom Nordufer des Lago Ritóm aus gesehen, fügt sich die Staumauer gut in die Umgebung ein, was durch die Aufnahme der ganzen Piora-Region ins Bundesinventar der Landschaften und Naturdenkmäler von nationaler Bedeutung (BLN) gewürdigt wird. Die Gegend ist geologisch wie botanisch gleichermassen bedeutsam. Aufgebaut sind die Berge ringsum teils aus massivem kristallinem Urgestein, teils aus helleren und weicheren Meeresablagerungen der Triaszeit. Diese Vorkommen von zuckerkörnigem Gips und bröckliger Rauwacke ziehen sich unter der Bezeichnung Piora-Mulde keilförmig in die Tiefe und bereiten beim Bau des Gotthard-Basistunnels der Neat den Ingenieuren einiges Kopfzerbrechen. Zwischen den Schichten eingelagert finden sich silberhaltige Bleierze, die vor allem während des 19. Jahrhunderts in mehreren Minen abgebaut wurden.

Ein Blumen- und Forellenparadies
Beim Weiterwandern vom Ritomsee zum kleineren, auf 2022 m ü. M. gelegenen Lago di Tom und dann ostwärts

177

hinüber zum Lago Cadagno wird klar, warum die Seenplatte im Val Piora in der Botanik als Pflanzenparadies gilt. Je nach geologischem Untergrund gedeihen hier ganz unterschiedliche Pflanzengesellschaften, wobei sich die Feuchtgebiete in Ufernähe durch besonderen Reichtum auszeichnen. Feuerlilie, Türkenbund, Schwefelanemone, Männertreu, Alpenakelei, Glockenblume, Gletscherhahnenfuss und Gelber Enzian – wäre der von tiefer Trauer heimgesuchte italienische Alpinist zur Blütezeit dieser Flora hier vorbeigekommen, hätte sich seine Laune bestimmt gebessert.

Der herzförmige Lago di Tom, durch Wasser von der Punta Negra (2688 m ü. M.) im Norden gespeist, besitzt eine Oberfläche von neun Hektaren und einen unterirdischen Abfluss. In seinem 15 Meter tiefen Becken in einer Gletscherwanne leben Namaycush-Forellen aus Übersee, die hier erstmals ausgesetzt wurden und sich munter vermehrten – wie übrigens auch im tiefer gelegenen Lago Ritóm, wo die eingeführten Exoten den ursprünglichen Fischbestand verdrängten.

Im Lago Cadagno, der einst als fischreichster Tessiner Bergsee galt, gedeihen heute nur noch an extreme Verhältnisse angepasste Kleinlebewesen, weil plötzlich ausgetretene Schwefelquellen am Seegrund allen Sauerstoff aufgezehrt haben. Der Schwefel entsteht beim Umwandeln von Gips durch spezielle Bakterien. Dieser Vorgang hat das Interesse der

Wissenschaft geweckt, und so wurde der 720 Meter lange und 300 Meter breite Cadagnosee zum Studienobjekt von Mikrobiologen und Gewässerforschern.

Steilste Standseilbahn der Welt

Obwohl durch den Aufstau des Ritomsees, dessen 47 Millionen Kubikmeter Wasser jährlich 134 Millionen Kilowattstunden Strom produzieren, die Alpwirtschaft einen Geländeverlust erlitt, blieb das Weidegebiet des Val Piora das grösste im Kanton Tessin. Auf 3500 Hektaren weiden hier während zweieinhalb Sommermonaten gegen 500 Stück Vieh, die in guten Jahren Milch für zwölf Tonnen Käse liefern. Der Piora-Alpkäse aus den würzigen Kräutern ist bei Kennerinnen und Kennern beliebt; ob er tatsächlich Weltruf geniesst, wie die Hersteller behaupten, wäre abzuklären.

Selbst mit einer Ladung schöner Steine im Rucksack und vielleicht einem Stück Käse fällt die Rückkehr ins Tal nicht schwer, denn wir benützen ja die Ritom-Bergbahn. Diese 1369 Meter lange und mit 88 Prozent Gefälle steilste Standseilbahn der Welt, von den SBB 1919 als Werkbahn gebaut und kürzlich veräussert, überwindet die 800 Höhenmeter zum Talboden der Leventina bei Piotta in zwölf Minuten. Es sind zwölf Minuten, die abenteuerlustigen Passagieren als spannendes Erlebnis, ängstlichen hingegen als Zitterpartie mit Herzklopfen, Magensausen und Nervenflattern in Erinnerung bleiben.

Wasserspiegelschwankungen und Wellen hinterlassen auf den Kiesbänken der Stauseen kunstvolle Strukturen.

Rätselhafter Lago Tremorgio

Ein Kratersee im Nordtessin?

Route Rodi–Sasselli–Cassin di Vènn–Marcio–Alpe Tremorgio–Rundweg um den Lago Tremorgio–Bergstation der Luftseilbahn.

Anreise Mit der SBB-Gotthardlinie nach Airolo oder Faido (□ 600). Von dort mit dem Postauto nach Rodi, Haltestelle Colonia von Mentlen (□ 625.09).

Rückreise Vom Lago Tremorgio mit der Luftseilbahn hinunter nach Rodi (□ 2604). Von dort mit dem Postauto nach Airolo oder Faido (□ 625.09).

Wanderzeit 4 Stunden mit 900 Meter Steigung.

Variante Aufstieg vom Lago Tremorgio zur Alpe Campolungo und auf gleichem Weg zurück, $1\frac{1}{2}$ Stunden mit je 150 Meter Höhenunterschied zusätzlich.

Karte Landeskarte der Schweiz 1:25 000, Blatt 1252 «Ambrì-Piotta».

Gaststätten Rodi, Lago Tremorgio (bei Variante auch Berghütte Capanna di Campolungo), überall Übernachtungsmöglichkeit.

Jahreszeit Sommer und Herbst.

Bergbäche und Wasserfälle am Lago Tremorgio.

Zollhaus aus der Urner Zeit

Die Gotthardautobahn stellt für die Dörfer der Leventina, des Talabschnitts am Ticino-Fluss zwischen Airolo und Faido, zugleich eine Belastung wie eine Entlastung dar. Der ununterbrochene Strom von Autos und Lastwagen auf dieser Transitachse bringt dem Nordtessin massive Immissionen; doch kann man nun die Kantonsstrasse ohne Lebensgefahr überqueren. Während die meisten Einheimischen über die Verlegung des Durchgangsverkehrs auf die Autobahn ganz glücklich sind, klagen Hoteliers und Tankstellenbesitzer über verlorene Kundschaft. Seit Jahrhunderten hat man hier am Fuss des Gotthardpasses eher vom Transportgewerbe als von der Berglandwirtschaft gelebt. Davon zeugt auch das einstige Zollhaus am östlichen Dorfrand von Rodi, das so genannte Dazio Grande. Es wurde im 16. Jahrhundert zur Zeit der Urner Herrschaft errichtet und kürzlich zum regionalen Kulturzentrum mit Heimatmuseum umgebaut. Die Wanderung von Rodi hinauf zum Lago Tremorgio führt aus der lauten Transitwelt in die Stille der Tessiner Alpen. Unterwegs wird das Brausen des Verkehrs auf der Nationalstrasse und der Züge auf der Gotthardlinie immer leiser, bis nur noch das Rauschen von Wasserfällen zu hören ist. Kurz hinter dem Kraftwerk von Rodi mit Maschinenhalle, Transformatorenstation und Talstation der 1998 erneuerten Tremorgio-Luftseilbahn verschwindet der gut markierte Bergweg im dichten Wald. Es braucht einiges an Zickzackwindungen, um die steile Flanke am Schattenhang zu bezwingen. Das Ticino-Tal als klassisches Trogtal in U-Form wurde vor Jahrtausenden durch Eiszeitgletscher ins Gebirgsfundament gekerbt. Diese Steilheit veranlasst auch gut trainierte Wandernde, während des Aufstiegs dann und wann eine Verschnaufpause einzulegen und einen Blick zum Gegenhang zu werfen, wo auf Geländeterrassen die Wanderroute «Strada alta» verläuft, die in drei Tagen von Dorf zu Dorf zwischen Airolo und Biasca führt.

War es ein Meteorit?

Nach zweieinhalb bis drei Stunden erreichen wir schliesslich das Ufer des Lago Tremorgio auf 1830 m ü. M. Kurz zuvor hat der Weg die Druckleitung, die das Seewasser über fast 900 Meter Gefälle zur Kraftwerkszentrale in Rodi führt, überquert. Da das Wasser am Seegrund gefasst wird, beeinträchtigen keine technischen Anlagen das Bild dieser unter Landschaftsschutz stehenden Geländekammer. Einzig der in seiner Höhe schwankende Seespiegel verrät, dass dieses natürliche Gewässer zur Energiegewinnung genutzt wird.

Der Seerundgang auf mal deutlich sichtbarem, mal nur angedeutetem Pfad verdient diesen Namen wirklich, denn der Lago Tremorgio mit seinem Durchmesser von 700 Metern und einer maximalen Tiefe von 60 Metern ist kreis-

Unter den warmen Sonnenstrahlen schmelzen die Zeugen des Winters am Tremorgio-See schon bald.

rund. Seine Form – wie auch die Struktur des Felskessels, der den Bergsee umgibt – weckte Spekulationen, der Aufprall eines grossen Meteoriten könnte das Becken des Lago Tremorgio geschaffen haben. Vor 30 Jahren debattierte man engagiert über diese Frage und suchte die ganze Umgebung nach allfälligen Resten eines solchen Himmelskörpers ab. Als sich nichts Entsprechendes finden liess, schrieb die Mehrheit der Geologen die Entstehung des Tessiner Sees einer irdischen Ursache zu: Eiszeitliche Hängegletscher der umgebenden Berge, die im Poncione di Tremorgio (2669 m ü. M.) gipfeln, hätten den Hohlraum ausgekerbt, wo nun der See wie

ein dunkles Auge liegt. Doch nach wie vor bestehen ein paar Wissenschaftler auf der Meteoritentheorie, wobei sie annehmen, beim Aufprall müsse der Bote aus dem Weltall vollständig verdampft sein.

Prinzessin mit Gänsefüssen

Die Bezeichnung des Sees leitet sich vom italienischen Wort «tramoggia» (Trichter) her und spielt zweifellos auf dessen Kraterform an. Eine Sage indessen berichtet, vor 1200 Jahren habe sich ein Feldherr Karls des Grossen namens Tremor hierher auf seine Festung zurückgezogen. Um in der Gebirgseinsamkeit Gesellschaft zu haben, heiratete er eine

Prinzessin, doch als er ihre Gänsefüsse entdeckte, verstiess er sie. Aus Zorn liess die zauberkundige Frau die Erde beben, sodass die Burg des Kriegshelden in einer Vertiefung verschwand, wo sich spä-

nach starken Regenfällen erfordert Trittsicherheit und Sprungkraft. Dass der Lago Tremorgio als beliebtes Angelgewässer gilt, verdankt er dem Umstand, dass seit 1961 mehrmals Zehntausende von

Talfahrt mit der Luftseilbahn hinunter nach Rodi: In der Leventina-Ebene sieht man das Ausgleichsbecken des Kraftwerks.

ter das Wasser zum Lago Tremorgio sammelte. Wer weiss, vielleicht lässt sich auf dem Seegrund noch eine Spur der alten Feste entdecken.

Beim Seerundgang ist Vorsicht geboten, solange noch hart gepresster Lawinenschnee bis zum Wasser reicht. Auch das Überqueren der einmündenden Bäche zur Zeit der Schneeschmelze oder

Forellen hier ausgesetzt wurden. Auch Mineralien sind im Tremorgio-Gebiet zu finden. Am See selbst gibt es Gesteine mit dunklen Granatkristallen, oberhalb der Alp Campolungo kommen im hellen Dolomit die seltenen Halbedelsteine Disthen (hellblau) und Staurolith (dunkelbraun) vor, die ihren Weg in manche Museen der Welt gefunden haben.

Lago di Ravina in der Leventina

Wo der Winter lange dauert

Route Pesciüm ob Airolo–Grasso di Lago–Crenn–Alpe di Ravina–Gana del Laghetto–Lago di Ravina–Zemblasca–Pian Taiöi–Monda –Pian Scarlei–Givett–Raguneri–Groppo–Ambrì sopra–Ambrì-Piotta Stazione.

Anreise Mit der SBB-Gotthardlinie nach Airolo (□ 600). Von dort mit der Luftseilbahn nach Pesciüm (□ 2600.1).

Rückreise Von Ambrì-Piotta Stazione mit dem Postauto nach Airolo (□ 625.09).

Wanderzeit 4–5 Stunden mit 150 Meter Steigung und 900 Meter Gefälle.

Varianten Abstieg vom Lago di Ravina nach Nante, von dort mit dem Postauto nach Airolo (□ 600.52), 1½ Wanderstunden und 400 Meter Gefälle weniger.
Über den Passo Sassello zum Lago del Sambuco und hinunter nach Fusio im Val Lavizzara, ca. 2 Wanderstunden sowie 450 Meter Steigung und 160 Meter Gefälle zusätzlich. Von Fusio mit dem Postauto nach Bignasco (□ 630.72) und mit dem FART-Autobus weiter nach Locarno (□ 630.60).

Karten Landeskarte der Schweiz 1:25 000, Blätter 1251 «Val Bedretto» und 1252 «Ambrì-Piotta».

Gaststätten Pesciüm, Ambrì-Piotta (bei Variante: Nante).

Jahreszeit Anfang Juli bis Mitte Oktober.

Skiparadies über der Leventina

Die 1200 Meter auf Asphalt vom Bahnhof Airolo zur Talstation der Luftseilbahn nach Pesciüm sind alles andere als eine Idylle und lassen Auge, Ohr und Nase mitbekommen, was die Situation am Südausgang der beiden Gotthardtunnel für die Einheimischen bedeutet. Dann aber schwebt die blaue Kabine in die Höhe zur Alpe di Pesciüm auf 1745 m ü. M., wo eine reine Nordtessiner Bergluft die Ankommenden erfrischt. Im Sommer und Herbst ist Pesciüm Endstation, während der Wintersaison führt die zweite Sektion der Luftseilbahn weiter zum Sasso della Boggia auf 2065 m ü. M. Reichliche Niederschläge und die Lage an der Schattenflanke der Leventina – dem Tal des jungen Ticino – machen diese Region ob Airolo zum beliebten Skiparadies. Anschriften zuerst auf Deutsch und dann erst auf Italienisch zeigen, dass man sich hier auf eine Kundschaft von jenseits des Gotthards eingestellt hat.

Auch im Sommer und Herbst ist die leichte Erreichbarkeit ein Vorteil: Wenn sich auf der Alpennordseite bei Nordwestströmung die Regenwolken stauen, herrscht im Tessin der Nordföhn mit trockener Luft und guter Fernsicht. Dann können die Wandernden zur Wetterfront am Gotthardpass hinaufblicken, wo Wolken und Sonne um die Vorherrschaft kämpfen. Bloss aufgepasst, dass nicht ein Windstoss den Hut vom Kopf fegt!

Aufstieg zum Lago di Ravina: Zwischen hart gepresstem Lawinenschnee weiden schon die Kühe.

In seinem schattigen Felsenkessel mit Nordexposition behält der Lago di Ravina ob Airolo noch lange seine Winterdecke.

Reiche Schneetälchenflora

Neben der Luftseilbahn durchzieht ein Netz von Skiliften die Bergflanke unter dem Grat zwischen Poncione di Vespero (2717 m ü. M.) und Pizzo di Sassello (2480 m ü. M.). Der Wintersport ist hier profitabler als die Berglandwirtschaft, die im Nordtessin meist nur noch im Nebenerwerb betrieben wird. An manchen Stellen der ausgedehnten Alpe di

187

Ravina ist die Grasfläche, weil nicht mehr genügend intensiv geweidet wird, nach und nach von Strauchpflanzen wie Heidelbeeren oder Alpenrosen überwuchert worden. Der Viehstall am Westufer des Lago di Ravina, ohne Dach und mit Mauern aus groben Steinblöcken, die einzustürzen drohen, dürfte schon seit längerem eine Ruine sein.

Es ist ein karger Boden hier oben, wo die Naturgewalten herrschen und der Bergfrühling erst spät Einzug hält. Nach strengen Wintern kann der reizvolle Lago di Ravina auf 1880 m ü. M. bis in den Juli hinein von Eis und Schnee bedeckt sein. Weil nämlich das kleine Gewässer mit seinem Durchmesser von gerade 200 Metern nicht sehr tief ist, füllen die Lawinen vom Pizzo di Corno (2500 m ü. M.) im Süden leicht das ganze Becken aus; die schattige Lage verzögert zudem das Schmelzen des Schnees. Erst im Juni steigt die Sonne hoch genug, um die noch immer meterhohen Schneeschichten abzutauen. Dann beginnen allenthalben die Schmelzwasserbächlein zu gluckern, und aus dem feuchten und kalten Erdreich spriesst die reiche Pioniervegetation der von den Botanikern anschaulich als Schneetälchenflora bezeichneten Pflanzengesellschaft.

Im Spätsommer allerdings kann man im Lago di Ravina baden, denn inzwischen ist es in diesem Felsenkessel heiss geworden, und lichte Lärchenbestände am Südufer laden zum Picknick in einer wunderbaren Gebirgswelt.

Zwei Abstiegsmöglichkeiten

Der Abstieg nach Ambrì-Piotta im Talboden der Leventina mit insgesamt 900 Meter Gefälle ist nur im ersten und letzten Teilstück ziemlich steil. Der lange Mittelteil führt mit angenehmer Neigung durch Bergwald und über Alpen, wo auch einheimische Ticinesi gerne einige Sommerwochen verbringen. Die Abstiegsvariante zum Dörfchen Nante ist kürzer und entsprechend steiler. Wer sie wählt, sollte sich zuvor über den recht lückenhaften Postautofahrplan für die Rückfahrt nach Airolo orientieren. Problemlos dagegen ist die Fahrt von Ambrì-Piotta nach Airolo: Seit am Bahnhof keine Personenzüge mehr halten, verkehrt jede Stunde ein Postauto.

Über den Passo Sassello zum Lago del Sambuco

Eine weitere Variante, die allerdings erst ab dem Spätsommer ohne Schneestampfen möglich ist, führt vom Lago di Ravina in rund vier Stunden weit gehend ohne Schatten über den 2336 Meter hohen Passo Sassello südwärts nach Fusio im Val Lavizzara am Oberlauf der Maggia. Auf einer Länge von gut drei Kilometern nimmt der Stausee Lago del Sambuco das Trogtal des jungen Flusses ein und verleiht dem letzten Abschnitt dieser recht anspruchsvollen Tour eine besondere Note. Fusio ist durch Postautos und Busse mit Locarno verbunden (Umsteigen in Bignasco, aber gute Anschlüsse).

Wie viele Bergseen mag es wohl in der Schweiz geben? Dieses Bijou am Weg ins Tal des Ticino trägt nicht einmal einen Namen.

Die Stauseen von Robièi

Wasserkraft am Fusse des Basòdino

Route San Carlo–Campo–Robièi–Lago del Zött–Lago di Robièi–Lago Bianco–Lago dei Cavagnöö–Robièi.

Anreise Auf der SBB-Gotthardlinie nach Bellinzona (□ 600) und weiter nach Locarno (□ 630). Von dort mit dem Maggiatal-Autobus (FART-Linie 10) nach Bignasco (□ 630.60) und mit dem Postauto weiter nach San Carlo im Bavonatal (□ 630.70).

Rückreise Von Robièi mit der Luftseilbahn nach San Carlo (□ 2627). Von dort mit dem Postauto nach Bignasco (□ 630.70) und mit dem FART-Autobus nach Locarno (□ 630.60).

Wanderzeit 6 Stunden mit 1400 Meter Steigung und 500 Meter Gefälle.

Variante Für das Teilstück San Carlo–Robièi die Luftseilbahn benützen, erspart 2½ Wanderstunden und die mit fast 900 Meter Höhenunterschied anstrengendste Etappe.

Karte Landeskarte der Schweiz 1:25 000, Blatt 1271 «Basòdino».

Gaststätten San Carlo, Robièi.

Jahreszeit Mitte Juni bis Mitte Oktober (Betriebszeit der Robièi-Luftseilbahn).

Ein wildes Tessiner Bergtal

Die Anreise für diese Tour ist weit, doch sie lohnt sich: Der Talkessel von Robièi unter dem vergletscherten Basòdino im Nordtessin zählt mit seinen Stauseen zu den eindrücklichsten Regionen in den Alpen des Südkantons. Hier gibt es weder Palmen noch Magnolien, weder Ginsterbüsche noch Kastanien – nicht einmal mehr Nadelbäume wachsen auf dem kargen Urgestein im Hintergrund des Bavonatals.

Das Val Bavona ist eines der wildesten, urtümlichsten Tessiner Bergtäler und aus diesem Grund bloss noch im Sommerhalbjahr besiedelt – und auch dann vor allem durch Ferienhausbesitzer, die sich ein mit Gneisplatten bedecktes Haus zum Rustico umgebaut haben. Weder im kargen, schattigen und durch Bergstürze zusätzlich unfruchtbar gemachten Talboden noch auf den Alpen an den beidseitigen Steilflanken wird noch nennenswert Landwirtschaft betrieben, und so blieben als Folge der Abwanderung manche Gebäude ungenutzt. Entweder dienen sie nun als Rustici, d. h. als Zweitwohnsitze für Wochenende und Urlaub, oder sie zerfallen mit der Zeit zu Ruinen.

Wasserkraft zur Stromgewinnung

San Carlo, Endstation des Postautos von Bignasco im Maggiatal her, ist eine solche Rustici-Siedlung im hinteren Val Bavona. Hier beginnt der Aufstieg über die Alpsiedlung von Campo hinauf zum Bergkessel von Robièi mit seinen Stauseen. Wer sich die zweieinhalb Stunden mit 900 Meter Steigung ersparen möchte, um mehr Zeit zum Besuch der Seenlandschaft zu haben, kann die parallel zum Fusspfad verlaufende Luftseilbahn benützen. Wer den Ausflug zweitägig plant, findet im Ristorante «Basòdino» von San Carlo oder oben in Robièi (SAC-Hütte sowie Berghotel) eine Unterkunft.

Als in den Sechzigerjahren mit der Hochkonjunktur auch der Schweizer Strombedarf stieg, begannen die Officine Idroelettriche della Maggia SA (Ofima) die Wasserkraft im oberen Bavonatal zu nutzen. Diese Offensive zur Elektrizitätserzeugung fiel mit dem Rückgang der Tessiner Berglandwirtschaft zusammen, und so verschwanden zahlreiche Alpweiden im Umkreis von Robièi in den Fluten, ohne dass sich dagegen grosser Widerstand geregt hätte.

Ideal zur Stromproduktion, die übrigens grösstenteils auf der Alpennordseite verbraucht wird, sind auch Meteorologie und Topografie hier im Nordtessin: ergiebige Niederschläge zu allen Jahreszeiten sowie markante Höhenunterschiede. Zwischen den beiden Stauseen Lago del Zött und Lago di Robièi auf 1940 m ü. M. und dem Lago Maggiore mit seinem Spiegel bei 193 m ü. M. besteht ein Gefälle von mehr als 1700 Metern. Vom hoch gelegenen Lago dei Cavagnöö (die Kraftwerkbetreiber nennen ihn Lago Cavagnoli) auf 2310 m ü. M. beträgt der Höhenunterschied gar gut

2100 Meter! Und was die Niederschläge betrifft: Die gefürchteten sommerlichen Sturzregen, wie sie nur die Alpensüdseite kennt, und die Schneefälle mit Höhen von über fünf Metern sorgen reichlich für Nachschub an Wasserkraft.

Die Stauseen von Robièi und jene im östlich benachbarten Val Lavizzara (Lago del Sambuco und Lago Naret ob Fusio) bilden das Rückgrat der Tessiner Elektrizitätswirtschaft. Von hier gelangt das Wasser unterirdisch zum Ausgleichsbecken des Lago di Palagnedra im Centovalli und dann in einem weiteren Stollen zum Ufer des Langensees bei Brissago. Unterwegs wird das bedeutende Gefälle durch mehrere Kraftwerkszentralen genutzt. Diese Ableitung des

Wassers hat den Vorteil, dass die einst so gefürchteten Überschwemmungen der Maggia selten geworden sind. Weniger schön ist, dass der Fluss in seinem überbreiten Bett nun die meiste Zeit als bescheidenes Rinnsal dahinströmt.

Luftige Fahrt mit 2000 PS

Für unseren Ausflug wählen wir einen möglichst strahlenden Sonnentag. Vor allem im Herbst gibt es hier bis Saisonende Mitte Oktober wochenlange Schönwetterperioden mit guter Fernsicht und angenehmen Temperaturen. Im Frühsommer – die Luftseilbahn nach Robièi verkehrt ab Mitte Juni – liegt in höheren Lagen noch Schnee, doch sind die Wege zu den Stauseen geräumt. Im

Vom achteckigen Berghotel unterhalb der Staumauer von Robièi führen Kraftwerkstrassen und Bergwege zu den verschiedenen Seen.

Der Lago del Zött am Fusse des Basòdino: einer der vielen Tessiner Stauseen, die Strom in die energiehungrige Deutschschweiz liefern.

Hochsommer kann es im nackten Gestein des Bergkessels sehr heiss werden.

Von der Infrastruktur zum Bau der Stauseen – etwa der Luftseilbahn, errichtet für den Transport tonnenschwerer Lasten – profitiert heute der Tourismus. Ihre 2000-PS-Motoren befördern die Kabine für 120 Personen, als sei es ein Leichtgewicht, mit einer Geschwindigkeit von fünf Metern pro Sekunde über eine Steigung von maximal 71 Prozent. Wer beim Aufstieg auf die Dienste der 4100 Meter langen Funicolare verzichtet, wird sie bestimmt gerne für die Talfahrt in Anspruch nehmen. Jährlich lassen sich um die 20 000 Touristinnen und Touristen von der Luftseilbahn in die Bergwelt am Fuss des Basòdino befördern.

Der Basòdino im Nachmittagslicht

Unterhalb der 68 Meter hohen und 360 Meter langen Robièi-Staumauer steht das achteckige Berghotel, von wo aus Kraftwerkstrassen und Bergwege zu den verschiedenen Seen führen. Unsere Stauseen-Tour berührt zuerst den Lago del Zött am Fuss des vergletscherten Basòdino und umrundet dann den fast fünf Millionen Kubikmeter Wasser fassenden Lago di Robièi. Anschliessend geht es nordwärts zum kleinen Lago Bianco auf 2076 m ü. M. und weiter Richtung Westen zum einsam gelegenen Lago dei Cavagnöö, in dessen Wasser sich der gleichnamige Gletscher spiegelt, der Ghiacciaio del Cavagnöö. Bei der Rückkehr auf gleichem Weg nach Robièi

Auf dem Rückweg vom Lago del Zött: Blick gegen Süden ins Bavonatal.

gerät dann wieder wunderschön der Basòdino ins Blickfeld.

Mit seinen 3272 m ü. M. gilt der Basòdino als schönster und in gewissem Sinn auch als höchster Tessiner Gipfel (falls man das 3402 Meter hohe Rheinwaldhorn auf der östlichen Kantonsgrenze zu den Bündner Alpen zählt). Auf die eindrücklich kahle Urgesteinsregion in vorherrschend graugrünen Farbtönen folgt das blendend weisse, von Spalten durchzogene Firnfeld, über dem sich der Gipfelgrat scharf gegen den stahlblauen Himmel abzeichnet. Prächtig glitzert der von Schmelzwasser überzogene Eismantel im Gegenlicht der Nachmittagssonne. Doch das erinnert zugleich daran, dass der Gletscher im Schwinden ist und noch vor verhältnismässig kurzer Zeit

viel weiter nach unten reichte. Möglicherweise werden spätere Generationen den Basòdino nur noch als nackten Steinhaufen erleben können.

Kristalle und Geschosshülsen

Steine gibt es in der Region von Robièi eine Menge, darunter hübsche Kristalle, worauf die hellen Quarzadern im Fels schliessen lassen. Weil die Gegend unter Naturschutz steht, ist aber sowohl das Pflücken von Blumen wie auch das Kristallsuchen verboten. Ebenfalls liegen lassen sollte man Granatsplitter und Geschosshülsen, die Überbleibsel militärischer Schiessübungen, denn genau wie die Kraftwerkbetreiber hat auch die Armee den Gebirgskessel teil- und zeitweise in Beschlag genommen.

Der Lago d'Origlio ob Lugano

Idylle in der Kulturlandschaft

Route Tesserete–San Clemente–San Bernardo–Carnago–Rundweg um den Lago d'Origlio–Origlio–San Giorgio–Brusada–San Zenone–Lamone–Bahnstation Lamone-Cadempino.

Anreise Mit der SBB-Gotthardlinie nach Lugano (□ 600). Von dort mit dem Postauto (□ 633.29) oder dem Autobus (□ 633.30) nach Tesserete.

Rückreise Von Lamone-Cadempino mit dem Regionalzug der SBB nach Lugano oder Bellinzona (□ 600).

Wanderzeit 3–4 Stunden mit 350 Meter Steigung und 550 Meter Gefälle.

Variante Vom Lago d'Origlio durch das Tälchen direkt nach Lamone absteigen, eine knappe Wanderstunde weniger.

Karte Landeskarte der Schweiz 1:25 000, Blatt 1333 «Tesserete».

Gaststätten Tesserete, Origlio, Lamone.

Jahreszeit Zu jeder Jahreszeit reizvoll.

Zwischen Reben und Kastanien

Im Unterschied zu den meisten anderen in diesem Buch vorgestellten Bergseen liegt der Lago d'Origlio nicht unter hohen Gipfeln oder markanten Bergketten, sondern im lieblichen Kulturland der sanft ansteigenden Hügel hinter Lugano. Dennoch darf man die Tour mit ihren 350 Meter Steigung und 550 Meter Gefälle nicht unterschätzen. Auch sie verlangt zumindest durchschnittliche Kondition sowie eine gewisse Vorsicht wie in jedem Gebirge. So sollte man beim Picknick vor der Kapelle San Bernardo auf ihrem Felsenriff quirlige Kinder zur Achtsamkeit mahnen, und der Steilabstieg von der Kapelle San Zenone gegen Lamone erfordert Trittsicherheit.

Die beiden Kapellen zeigen, dass wir uns hier im ländlichen Tessin mit einer reichen Tradition der Volksfrömmigkeit befinden. Weiter fallen die typischen Siedlungsformen südalpiner Dörfer auf, umgeben von Rebbergen und Kastanienhainen. Zwischen althergebrachter Architektur finden sich aber immer wieder moderne Wohnbauten, denn die klimatisch begünstigte Hügellage zwischen Lugano und Tesserete ist ein bevorzugter Standort für Villen und Landhäuser.

Harmonisches Hügelland um Tesserete

Da die Route in gemässigter Höhenlage verläuft und nur bis auf 707 m ü. M. ansteigt – immerhin 436 Meter über dem Spiegel des Luganersees –, eignet sie sich ideal für das ganze Jahr. Im Winter scheint oft eine milde Sonne, und zwar auch im Wald, denn die jetzt laublosen Kastanienbäume lassen ihre Strahlen bis zum Boden dringen. Im Frühling zeigt sich die südliche Vegetation in ihrer ganzen Schönheit, während der Ausflug an den Lago d'Origlio im Sommer eine willkommene Abwechslung zum Stadt- und Strandleben in tieferen Lagen darstellt. Der Herbst mit seinen langen Schönwetterperioden schliesslich lässt die Natur in ihrer ganzen Farbenpracht leuchten.

Um vom Bahnhofplatz Lugano mit öffentlichen Verkehrsmitteln zum Ausgangspunkt der Wanderung nach Tesserete zu gelangen, gibt es zwei Möglichkeiten: mit dem Postauto via Vezia und Cureglia oder mit dem Autobus – dem Ersatz für das längst verschrottete Ratterbähnchen -– weiter östlich über Canobbio und Lugaggia. Tesserete rühmt sich, Luftkurort zu sein, und schon 1882 lobte ein Prospekt die gesunde Gegend: «Das Hauptkurmittel ist ein möglichst reichlicher Genuss der frischen Luft, und der Blick auf das Grün, das Berg und Tal überall bekleidet, bietet dem Auge angenehme Flächen, auf denen es sich gerne ausruht.» Ausserdem lasse die Harmonie des Hügellandes auch Gemütskranke genesen, denn «sein Anblick kann jede unangenehme Laune erheitern und die traurigen Empfindungen zerstreuen».

Sanfter als die Berge im Norden des Tessins: die Hügel um den Lago d'Origlio mit der Kirche San Giorgio.

Unterirdische Quellen im See

Durch eine solch wohltuende Landschaft führt von Tesserete ein schmaler, doch gut markierter Pfad südwärts zur Kapelle San Bernardo auf ihrem Hochsitz und von dort ein kurzes Stück auf gleichem Weg zurück und dann leicht absteigend Richtung Westen zum Ufer des Lago d'Origlio. Unterwegs liegen einsam im dichten Wald das Kirchlein San Clemente und der Wehrturm Torre Viscontea. Die Befestigung stammt vom Ende des Mittelalters, als die ganze Region den Herzögen von Mailand unterstand und das Dorf Origlio immer, wenn diese Herren in den Krieg zogen, 27 gut bewaffnete Soldaten zu stellen hatte.

Zu den inzwischen friedlicher gewordenen Zeiten passt der idyllische Lago d'Origlio. Er liegt in einer von Eiszeitgletschern aus dem Untergrund gehobelten Senke und ist 250 Meter lang und 125 Meter breit. Ein Uferweg für Fussgänger führt rund um das seichte, teilweise mit Wasserpflanzen bedeckte Gewässer, in dessen Mitte unterirdische Quellen sprudeln – ein Unikum, denn sonst besitzen Bergseen ja häufig oberirdische Zuflüsse und unterirdische Abflüsse.

Neben den Quellen am Seegrund besitzt der Lago d'Origlio auch einen oberirdischen Zufluss, den Riale del Rii, der von Osten her aus den Waldhügeln um San Bernardo einmündet. Der Abfluss schlängelt sich durch ein Tälchen gegen Südwesten und mündet nach einem Gefälle von hundert Metern bei Lamone in

den Talfluss Vedeggio. Früher soll der Lago d'Origlio praktisch in jedem Winter zugefroren sein; heute kommt dies, bei milder gewordenem Klima, nur noch selten vor.

Zwei weitere sehenswerte Kirchen

Auf Baudenkmäler in der harmonischen Hügellandschaft treffen wir auch im zweiten Teil der Wanderung. Sie führt vom nostalgisch und etwas verschlafen wirkenden Dorf Origlio zuerst nordwärts zur nahen Kirche San Giorgio, von wo aus sich der See wunderbar überblicken lässt. Die Kirche aus dem frühen 17. Jahrhundert beherbergt im Innern schöne Stuckaturen, ist aber wegen Diebstählen und Vandalismus oft abgeschlossen. Von hier führt die Route nach Süden über den Höhenkamm von Brusada zur 1494 erbauten Kapelle San Zenone, die – wie San Bernardo genau zwei Kilometer weiter östlich – über Felsabstürzen thront und eine schöne Aussicht bietet.

Nach dem steilen Abstieg im Bergwald und anschliessend durch Rebberge erreichen wir Lamone. Das Dorf mit seinen typischen Tessiner Häusern liegt etwas geschützt im Einschnitt des Baches, der aus dem Origliosee kommt. Von hier blickt man auf das Vedeggiotal, durch das pausenlos der Nord-Süd-Transitverkehr tost. Von der nahen Bahnstation Lamone-Cadempino verkehren die Regionalzüge auf der SBB-Gotthardlinie im Stundentakt nach Lugano oder nach Bellinzona.

Weitere Ausflugsführer

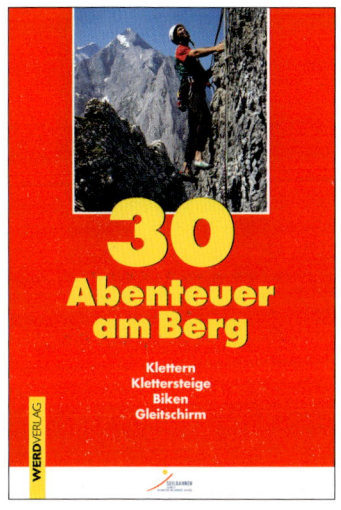

Jürg von Känel
30 Abenteuer am Berg
152 Seiten, zahlr. topografische
s/w Zeichnungen, Farbfotos
broschiert, ISBN 3-85932-392-X

Mit den Schweizer Seilbahnen erreicht
man im Sommer nicht nur Aussichtsgipfel,
Bergrestaurants und Wandergebiete. Die
Seilbahnen erschliessen auch im Trend liegende Bergsportarten wie Plaisir-Klettern,
Klettersteiggehen, Biken oder Gleitschirm-
fliegen. Dieser praktische Führer beschreibt anhand von übersichtlichen to-
pografischen Zeichnungen 30 Gebiete
quer durch die Schweiz mit entsprechendem Sportangebot.

Maria Weiss / Christina Sieg
40 Tages-Abenteuer Schweiz
200 Seiten, zahlr. farbige und s/w Abb.,
broschiert, ISBN 3-85932-311-3

Dieser seit Jahren erfolgreiche Schweizer
Ausflugsführer bietet originelle kombinier-
te Vorschläge zur Gestaltung eines freien
Tages. Eltern, Lehrer, Singles, Vereine, Seni-
oren finden darin eine breite Palette von
Ideen, wie sich bekannte, aussergewöhnli-
che oder weniger bekannte Destinationen
zu einem abgerundeten Ausflug zusam-
mensetzen lassen: Wanderungen, Mu-
seumsbesuche, Stadtbesichtigungen, Tier-
parks, Schiff-, Bahn- und Postautofahrten.

WERDVERLAG
www.werdverlag.ch

Weitere Ausflugsführer

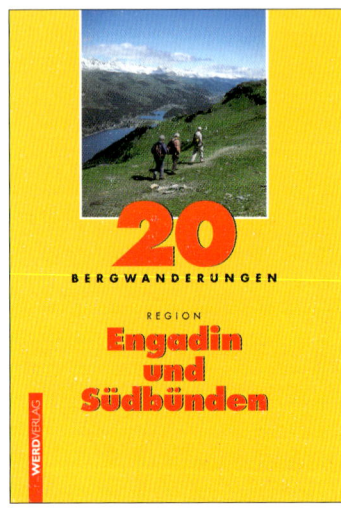

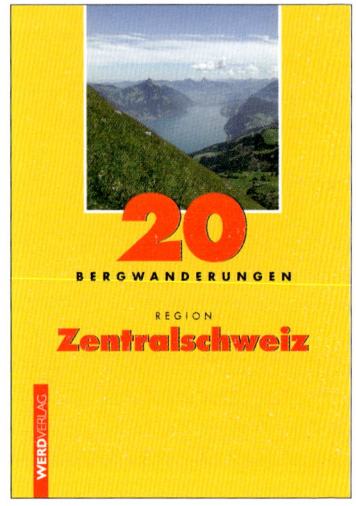

Luc Hagmann / Franz Auf der Maur
**20 Bergwanderungen Region
Engadin und Südbünden**
128 Seiten, zahlr. farbige Abbildungen,
20 farbige Kartenskizzen, Höhenprofile
broschiert, ISBN 3-85932-374-1

Dieses Buch stellt 20 der schönsten
Wanderungen im Süden Graubündens
vor: im Engadin, im Münstertal, im Puschlav, Bergell, Misox und Calancatal. Es ist
eine Region voller Gegensätze, von den
Gletschern der Bernina bis zu den Palmen im Puschlav. Wo immer man sich
aufhält: Überall wird man von der urtümlichen, gewaltigen und doch einladenden
Landschaft mit ihrer artenreichen, far-
benprächtigen Flora begeistert sein.

Franz Auf der Maur / Bruno Rauch
**20 Bergwanderungen
Region Zentralschweiz**
128 Seiten, zahlr. farbige Abbildungen,
20 farbige Kartenskizzen, Höhenprofile
broschiert, ISBN 3-85932-375-X

Dieser Führer umfasst das vielfältige
Gebiet vom Entlebuch bis zum Gotthard
mit den geschichtsträchtigen Landschaften
rund um den Vierwaldstättersee. Das
Buch macht nicht nur mit touristischen
Highlights bekannt, sondern auch mit den
versteckten Schönheiten der Kantone Luzern, Nidwalden, Obwalden, Schwyz und
Uri. Auch die seltener besuchten Wander-
ziele sind mit öffentlichen Verkehrsmitteln
problemlos zugänglich.

WERDVERLAG
www.werdverlag.ch